精读华为系列

华为技法

华为技术的21次突破

HUAWEI

考拉看看　著

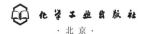

化学工业出版社

·北京·

内容简介

华为是什么？为什么是华为？华为最值得学习的精髓是什么？"精读华为"系列三部作品将帮助读者在纷繁复杂的信息海洋里拨开迷雾，快速精准地解读华为。

本书首先结合产业沿革、华为技术特点和行业格局，从宏观到微观，全局展现华为技术演进之路。其次，从华为涉足的四大重点技术领域出发，即通信、芯片、物联网和计算，梳理出共21项技术，重点阐释研发这些技术的原因、过程和结果影响。最后，总结成就华为技术成功的底座——理念、方法和人才，提炼华为技术的成功之道。本书可以为企业决策者、创新研究中心管理者和技术创新实践者提供参考借鉴。

图书在版编目（CIP）数据

华为技法：华为技术的21次突破/考拉看看著． —北京：
化学工业出版社，2022.9
（"精读华为"系列）
ISBN 978-7-122-41600-1

Ⅰ.①华… Ⅱ.①考… Ⅲ.①通信企业-企业管理-
经验-深圳 Ⅳ.①F632.765.3

中国版本图书馆CIP数据核字（2022）第097730号

责任编辑：万忻欣　　　　　　　　　　装帧设计：王晓宇
责任校对：宋　夏

出版发行：化学工业出版社（北京市东城区青年湖南街13号　邮政编码100011）
印　　装：三河市航远印刷有限公司
880mm×1230mm　1/32　印张7　字数143千字　2023年5月北京第1版第1次印刷

购书咨询：010-64518888　　　　　　　　售后服务：010-64518899
网　　址：http://www.cip.com.cn
凡购买本书，如有缺损质量问题，本社销售中心负责调换。

定　　价：58.00元　　　　　　　　　　版权所有　违者必究

　　近年来，有关华为技术的种种讨论持续发热。一些关于华为技术的信息浮出水面，被更多人知晓。例如，华为将每年收入的10%投入技术研发、华为专利申请数量世界第一、华为全球招聘"天才少年"专研技术等。另外，华为诺亚方舟实验室、Cloud&AI创新实验室等机构的举动也时刻吸引着公众的眼球。

　　我们还想知道：在资源紧缺的创业初期，华为如何下定决心、克服艰难，成功推出第一款自主研发的交换机；在网络时代，华为如何通过技术创新降低上网成本，在与国际巨头的竞争中胜出；在移动通信时代之初，华为在研发资源和能力有限的情况下，为何决定自研GSM网络，其中又经历了怎样的坎坷；从3G时代到5G时代，华为技术如何步步领先，熬过寒冬、迎来光明；在一些被国外"卡脖子"的技术上，例如高端芯片，华为如何负重前行、突出重围；另外，在前沿技术的"无人区"探索路上，例如边缘计算、量子计算等，华为又是如何布局、勇往直前……

考拉看看头部企业研究中心长期关注华为。2016—2018年，考拉看看头部企业研究中心创作《华为终端战略》一书，聚焦华为手机战略的演进发展。在此之后，通过与华为人的面对面交流、研究华为企业资料和相关报道等方式，对华为进行更全面、深入的研究。毫无疑问，不管是从战略还是管理或者文化等各方面来看，华为都是一个庞然大物，积蓄了强大的力量。正因如此，研究者拥有丰富的素材。而其中，华为技术又是最为复杂，且少有人知的领域。可以说，不管是从市场关注点，还是从研究华为本身来讲，都离不开技术这一题目。

基于此，考拉看看头部企业研究中心期望通过本书，还原华为的技术发展之路，解析华为技术为什么成功。一方面，从历史角度出发，本书对华为成立后的技术路线进行梳理，总结出21次重要的技术突破。另一方面，从战略、管理等角度，与读者分享技术突破背后的故事，回答为什么华为做到了。

相信随着一个个关键技术的演进，读者会对华为技术建立更系统、全面和深入的认识。

在严峻的环境中，对于中国企业来讲，掌握核心技术是一条必经之路。虽然长路漫漫，但需要有更多像华为这样的企业，秉持"英雄自古多磨难"的觉悟，耐得住冷板凳的寂寞，甘于做平凡的"扫地僧"，以成就伟大的胜利。相信读者能够从本书中，看到技术发展的趋势，增大面对未知的勇气，以及面对挫折的毅力。

考拉看看

HUAWEI

目 录

CONTENTS

HUAWEI

绪 言：

华为式超越追赶

信息通信技术的发展已经上升到国家战略的高度，不仅中国如此，全球大多数国家都在这样做。过去，每一次信息通信技术升级换代，都推动了生产力提高和国家经济增长。信息通信技术已经成为各产业发展的"底座"，以及所有领域科学研究创新的基础。充分释放信息通信技术潜力，促进社会发展，是国家、产业、企业共同奋斗的目标。而对个人来说，赖以生存的世界已经被信息通信技术包围，并将持续被它改变。未来，技术语言将是一种常识。当人们已经无法离开它时，就应当学会认识它、理解它。

华为技术是"精学华为"的重要部分，是这家企业的核心力量。而谈论华为技术，就需要将其放到信息通信技术产业中去。知道它如何来，才有可能明白它去哪里。以问题为导向，考拉看看头部企业研究中心尝试回答两大问题：信息通信技术为何推动世界进步？华为如何成为信息通信技术领域的领头羊？先理解前者，才能读懂后者。在产业历史中，华为是一个跟进者。但凭借自身的艰苦奋斗和中国巨大的发展机会，它在追赶中不断超越。

世界被信息驱动

人类历史就是一场信息技术演进史。对信息的获取、分析、加工能力让人类区别于其他物种。这一能力的优越性，使人类不断发明创造新的技术以加快信息处理能力。信息通信技术产业的发展正是受益于此。

从工业革命到信息革命

自18世纪第一次工业革命发生至今，世界经历了数次科技革命。第一次科技革命源于英国，在牛顿力学和热力学基础上，蒸汽技术快速普及应用；第二次科技革命被称为"电气革命"，以电力的广泛应用为标志，内燃机驱动了汽车、飞机、轮船的飞速发展，电器开始进入人们的视野。前两次科技革命又被称为工业革命，都是受能源驱动。蒸汽动力和电气动力在200年的时间里塑造了一个新世界。

20世纪40年代，以第一台计算机发明为标志，世界拉开了信息通信技术革命的序幕，并逐渐从工业经济走向数字经济。如果说前两次工业革命用机械化工具解放了人类的体力劳动，那么信息通信技术革命就是用计算能力解放了脑力劳动。

几乎每隔10年，就有新的信息通信技术出现，带动社会产生革命性巨变。例如，20世纪60、70年代，以因特网问世，

绪 言： 华 为 式 超 越 追 赶

以及微处理机的大量生产和广泛应用为标志，科技加快了世界前进的速度。80年代，以软件开发和大规模的信息产业的建立为标志，人类拥有了信息产业大发展的"底座"。90年代，互联网技术快速渗入到社会生活的方方面面。如今，大数据、物联网、人工智能等新技术正在改变世界。

信息通信技术改变世界

● 经济

美国经济学家罗伯特·索洛曾对美国1909—1949年的人均产出增长进行研究考察，结果发现由技术进步带来的增长占全部经济增长的87.5%。按照"创新之父"熊彼特的说法，如果没有技术创新，经济发展将处于一种相对静止的均衡状态。也就是说，在市场竞争压力下，企业运用的技术会因为相互模仿学习而趋同，这会导致生产的边际成本与产品价格相等，净利润趋近于零，经济停止增长。此时，只有出现创新技术，经济增长才会活跃起来。

技术革命的过程，是新的技术-经济范式创立和扩散传播的过程。[1]过去，在工业技术发展推动下，电网为工厂进行大规模生产提供了动力条件，石油产业的发展降低了交通运输

---

[1] 胡志坚.信息技术革命的演化趋势[J].科技中国，2020（1）.

成本等。在信息革命推动下，通信网、道路网、电网等信息化设施建立，这在促进经济发展的同时，也便利了人们的生活。

信息通信技术本身成为一个庞大的产业，既有基础技术，也有基础设施建设及其广泛应用。通信产业本身就是经济增长的主要力量。通信运营商、设备商、软件制造商、芯片商、终端厂商等产业上下游企业获得了巨大的发展机遇。在中国，通信产业在经济发展中扮演了重要角色。测算表明，2015年中国信息经济总量达到18.6万亿元，占GDP比重达到27.5%。

● 生活方式

20世纪，提出"地球村"理论的麦克卢汉有一个经典论断：我们创造了工具，此后工具又塑造了我们。即信息技术被人类创造出来，同时它们反过来对世界进行一次次重塑。

信息传播越来越快、内容越来越丰富是信息革命发展的显著特点。通信技术打破时空界限，让人们能够随时随地进行面对面沟通。电话、电脑、手机代替了纸和笔，成为信息传播的主要工具，语音、图片、视频成为新的表达形式，丰富着信息世界。当沟通变得通畅无阻，世界就从一个圆形变成了扁平状。生活在同一个"地球村"的居民互相融入、互相影响。

再以移动通信技术发展带来的变化为例：1G时代，人们实现了移动通话；2G时代，短信、语音和移动上网成为流行；3G时代，图像信息遍布在移动网络上；4G时代，人们热衷于直播和短视频；5G时代，人与物、物与物的交流愈加频繁、智能。

人类的生活因信息通信技术变得更方便、舒适。人们现在足不出户就能享受线上购物、线下送货上门的服务；还能在线看旅游直播视频、图片，享受另一种新乐趣；在家里可以请医生看病问诊；甚至每天在家也能工作赚钱，而且可以同时做多份工作。信息技术将人类的感官延伸到了极远的地方，让人们看得更远、听得更清楚。

城市也因为信息通信技术发生改变。未来，无人驾驶汽车、节能大厦、智慧灯杆、无人超市、智慧公园等会成为城市的新设施，将改造或代替在工业革命时期建立的高成本、低效率的基础设施，改变城市的面貌。在新的城市系统里，能源得到最合理的利用，交通变得井然有序……一切都更加有序地运转。

● 生产方式

信息通信技术改变了生产方式。在无法进行信息实时传播之前，企业为了便于管理，需要将工厂集中在相邻地区，而且依赖于交通的便利性。在信息实时传播实现后，世界被拉近了。通过电话、邮件、视频等方式，企业就能对不同地点的工厂进行统一管理。技术进步降低了跨区域、跨国管理的通信成本。因此，跨国巨头们转变生产方式，纷纷将制造工厂搬到劳动力成本低的国家，自身则集中于创新研发。

信息通信技术改变了供需关系。在工业时代，供需两端沟通不畅。此时，供给端占主动地位，需求端只能购买到供给端生产的产品。同时，供给端也难以获取需求端的诉求。随着信息通信技术发展，沟通壁垒被打破，需求端的诉求能够直接抵达供给端，并逐渐占据主导地位。以C2M（消费者—工厂）为代表的新型生产方式，以及丰富多彩的定制产品，就是需求端主导的结果。

信息通信技术对管理的提升作用极大。数字化企业转型、智慧政府打造等，都是为了利用新技术对机构流程、管理方式进行重塑，以实现更高效和低成本的运行。

当信息通信技术用于其他产业时，则产生了更大的能量。可以看到，制造业、金融业、零售业等都已被通信技术改变。以零售业为例，数字货币让支付变得简单便捷；工业链信息化让货物流通更快速；智能终端则优化了消费者的体验感。诸如此类的升级变化，不胜枚举。

信息革命是一场竞赛

美国无疑是信息通信技术革命的引领者和受益者。不论是计算机、软件技术，还是互联网技术，都发端于美国。硅谷成为全球高新技术的聚集地。IBM、苹果、微软、惠普、亚马逊等在通信革命中顺势崛起，成为跨国巨头。信息通信技术创新引领了美国经济高速增长。而美国的大发展则让更多国家认识到，信息通信技术是国家战略的重要议题，一定要将其握在自己手中。在数十年时间里，技术竞争愈演愈烈，好似一个没有硝烟的战场。

在这场竞争中,信息通信技术产业与传统产业之间、技术革命先导国和跟随国之间彼此追赶、较量,在生产效率和竞争力上拉开差距。自20世纪90年代至今,各国在信息通信技术规模、速度、应用和标准方面展开竞争,竞争格局也发生了变化。

在信息通信技术革命的前半段,先导国家在规模和速度上都占据优势地位,跟随国家只能苦苦模仿、追赶。但在后半段,跟随国的窗口机遇期就会出现。这是因为经历前半段的竞争后,产业发展趋于成熟,技术创新门槛降低,这让后发国家能够追平先导国家。另外,竞争胜负不再只靠技术创新的高低,而是更多依赖于技术的规模化传播和应用。在这个层面,后发国家与先导国家站在同一起跑线上,将获得反超机会以及更大的话语权。

规模化竞争

对企业来说,谁能更快地将通信产品覆盖到更广的区域,谁就能享受规模化发展的果实——既能给客户提供低价高质量的服务,又能获得更多收益。国家也是一样,谁能更快地推进信息通信技术的规模化覆盖,谁的信息化水平就更高。

在2G、3G时代,规模化竞争尤其激烈。在这一时期,中国通信市场曾出现国内外企业共争的局面，国内企业以"巨大中华"❶为主，国外企业包括思科、富士通、朗讯、爱立信等。华为正是凭借低价高质量的优势，抢占到足够多的市场，在国内站稳了脚跟。在其后的海外竞争中，华为也是采取规模制胜的法则，快速将业务从小范围扩展到大范围，在3G时代活了下来。

速度之争

通常，新一代移动网络的全球渗透率超过10%以后，经济将出现爆炸式增长。从3G网络到5G网络，渗透速度越来越快。据《华为全球联接指数（GCI）2019报告》显示，3G网络用了7年时间达到10%的全球渗透率，4G网络用了6年，预计5G网络仅需4年。这就意味着，信息通信技术（Information and Communication Technology，ICT）研发应用的竞争越来越激烈。谁能更快速地让新技术实现规模化普及，谁就更有可能抢得经济发展的机会。

对速度的理解分为两层：

一是快速研发和应用新技术，慢一步就意味着落后。英特尔在PC时代独领风骚，却在移动互联网时代落后于高通，其原因之一就是没能及时进入移动通信技术的创新变革中。

---

❶ "巨大中华"是巨龙通信、大唐电信、中兴通讯、华为技术的简称。

中国ICT产业的突破发展得益于不停追赶。从电缆到光缆，从有线到无线，从模拟到数字，中国通信建设在光网、移动网络等基础建设上努力奔跑，实力持续增强。

二是比拼通信网络速度、计算速度。4G代替3G，5G取代4G，7纳米芯片优于14纳米芯片，都是因为前者的速度更快、计算能力更强，这就是ICT技术升级更新的规则。

应用为王

一般来说，率先发明新技术的一方拥有规模化和速度优势。但在通信竞赛的下半场，跟随国几乎和先导国在同一时间拥有技术，这时候技术应用变得更加重要。

中国在通信技术产业的反超就是从应用开始的。自20世纪80年代进入移动通信技术发展阶段后，全球经历了从1G到5G的转变。从1G到3G时代，中国经历了落后、跟随、突破三个阶段，与先进水平的差距越来越小。而后，中国成为全球最大的4G市场，网络覆盖和用户规模均跃居世界第一。广大的应用市场让中国成为创新技术的试验地、聚集地，并实现了与国际同步发展。

市场调研机构CCS Insight发布报告称，全球5G用户数量将在2023年超过10亿，而中国将占到一半以上，成为全球5G规模最大的市场。如此，中国有望实现产业引领。

争夺标准话语权

产业话语权是必争之地。对于通信产业来说，主导标准制定是夺取话语权的关键。在1G时代，美国开创最早的移动通信标准，通信产业发展领先于欧洲国家，摩托罗拉成为一代王者。到2G时代，欧洲在TDMA标准上反超美国，诺基亚、爱立信、西门子登上巅峰。在3G时代，欧美各有标准。正是从3G时代开始，中国开始参与通信技术标准的制定，试图争夺产业话语权。虽然中国的TD-SCDMA标准和欧美标准并列为全球三大3G标准，但该标准的实力远低于其他两者。4G时代，欧洲提出的长期演进技术（LTE）成为主导，再次将美国甩在身后。同时，中国的4G关键专利占比达到三成，话语权稳步提升。

对于5G时代的标准制定，中国加快进程。据专利分析公司IPlytics发布的数据显示，截至2019年3月，中国申请的5G专利数量排名世界第一位。这是中国的首次反超。而在全球企业中，华为申请的专利数量位列第一。

华为是什么技术公司？

在信息通信技术发展的路程中，华为是一家怎样的技术公司？

绪言： 华 为 式 超 越 追 赶

从产业发展趋势来看，信息制造与信息服务行业的企业不可能只充当一种角色。企业在产业链中扮演的角色越多，擅长的技术领域越广，受限的范围就越小，获得的主动权就越大。这就意味着，信息制造与信息服务行业最后必将走向融合大发展。

华为在融合中正成为一个庞然大物。从通信设备供应商到通信解决方案供应商，从服务运营商到塑造消费终端品牌，从操作系统到应用平台，从路由器研发到标准专利拥有者，从通信技术到互联网技术，各个领域都有华为的身影。它既是通信企业，也是互联网企业；既是技术研发型公司，也是终端商；既是通信技术标准制定者，也是通信网络建设者。

基础设备供应商

进入通信产业时，华为是一家交换机设备代理商。之后一步步走上自主研发生产的道路。从服务小机构的民用小型交换机到服务大运营商的局用交换机，从逆向研发到创新引领行业，从单薄弱小到与国际巨头抗衡，华为在20世纪80、90年代写下一段奋斗史，推出过BH03、HJD48等产品。在C&C08数字交换机大获全胜的基础上，华为开启新篇章，同时电话也走进千家万户。

20世纪90年代，华为自研的A8010接入服务器强势占领全国80%以上的市场份额，并用SDH光纤网络技术改变了拨号上网，之后在路由器产品上钻研突破，一路高歌。

与此同时，华为抓住机会进军移动网络。从2G到5G时代，华为的通信技术能力不断增强，在国内外市场实现规模化发展。不管是距离北极最近的地方，还是气候恶劣的青藏高原，都有华为建设通信基础设备的身影。它给人们带来越来越快的网络速度、越来越大的宽带容量、越来越便捷的沟通。无疑，华为是跨国级的主设备供应商，与各国运营商建立了紧密联系，成为通信产业坚实的底座。

终端企业

2010年，在一次高级座谈会上，任正非做出进军手机终端的决定，希望用终端产品拉动管道建设。在之后的十年时间里，华为Ascend P系列手机、Mate系列手机、荣耀品牌手机在手机市场的激烈竞争中胜出，成为出货量全球第一的品牌。这表示华为成功兼备了通信设备商和消费终端产品制造商两重身份，改变了过去终端产品只限于为运营商配套服务的命运。在华为内部，终端成为重要部分。进而在5G时代，智能手表、无线耳机、智慧屏等产品缤纷登场。

绪 言： 华 为 式 超 越 追 赶

基础技术层

近十年里，华为在基础技术研发方面投入巨大、成果颇丰。2011年，华为成立2012实验室，定位于通信、计算、互联网等领域的基础技术研究，包括芯片、操作系统、AI计算、云计算、量子计算等前沿技术。现已成功研发出麒麟芯片、鲲鹏系统、鸿蒙系统、NB-IoT技术等硬核技术。这些基础技术让华为成为全国通信领域第一大企业，也让它有力量去赋能生态圈内的更多企业，并能抗衡国际竞争和打压。

华为技术为什么成？

30年前，华为只是一个在中国改革开放进程中新生的民营企业，没人能够预言它的成长轨迹。站在今天回头看，四个方面的突出能力，让华为做到了别人做不到的技术创新。一是自力更生的实干能力；二是坚持长期主义，聚焦专业；三是信奉压强原则，集中力量专攻一点的果敢；四是强大的联接力，能将各种外部力量聚集一体，实现共赢。

自力更生

20世纪80年代末，在第一次决定自主研发BH03型号交

华 为 技 法：

华 为 技 术 的 2 1 次 突 破

换机时，华为的理由就很坚定：把命运掌握在自己手里。一旦自主研发成功，就不再受制于产品供应商，不再面临断供危机。2006年，当华为决定自主研发手机芯片时，也是为了掌握命运主动权。当高通、三星不能及时给其他品牌供应芯片时，华为麒麟芯片冉冉升起。如今，华为HSM移动服务与谷歌GMS、苹果iOS相当，是全球第三大移动生态系统；鲲鹏生态与英特尔同台竞技；鸿蒙系统与安卓系统对标，并面向未来物联网时代。

自力更生的精神理念是华为能够克服万难、夺取研发成功的基础。将关键技术掌握在自己手里，才能挺起腰杆说话，成就更大的价值。从初生牛犊到世界巨头，华为在自力更生的研发路上从未迟疑。

长期主义

通信技术是一项知识积累工程。那些成为世界巨头的企业，无一不是在丰富的经验基础上做大做强，从而达到强者恒强的状态。

20世纪90年代，华为在进行创新大讨论的时候曾提出不提倡天马行空式创新，而是提倡"拿来主义"，倡导站在巨人的肩膀上，意即要借助他人的既有成果和经验去创新。同时，华为也在这一时期建立起自己的研发模块。通过将技术进行模块式划分，站在自己的肩膀上创新，可以节省许多重复开发的时间。

每一次研发都是一场战斗，能不能快速攻下堡垒决定企业的命运。在翻阅华为的研发故事时，会不经意地被他们坚持不懈、不破楼兰终不还的精神所感动。在一次次战斗中，华为构筑起技术护城河，建立起知识资源库和技术壁垒。这让它拥有别人无法比拟的通信优势，能够做到走在前面，快速地占领制高点。30年时间里，华为一直在加大技术研发投入，并且不断优化体系和方法，这是对长期主义的最好诠释。

压强原则

1993年，华为在资金紧张、人员不足的情况下，东拼西凑十几万美元，购买海外进口的设计软件。最终，C&C08 2000交换机强势登场，打开市场大门。这种不惧艰难、集全部力量攻破难关的法则被称为"压强原则"。

华为不缺乏这样的例子。在研发与思科产品相较量的A8010接入服务器时，华为在技术上不占任何优势。任正非甚至给当时的研发人员一人一本技术指导书自学。但仅用了一年时间，A8010即成功研发，并很快取代思科产品在中国的市场地位。在研发3G技术WCDMA时，华为调集无线、光网络、固网等各部门80人成立研发团队，进行封闭式研发，攻破重重困难后取得胜利。在研发手机芯片时，华为连续数年顶住压力，始终没有打消研发的决心，终于在麒麟芯片问世后成为中国为数不多的芯片设计商。

在压强原则下，不管是过去的光纤网络、3G技术，还是当下的5G技术、量子计算，华为始终在前沿技术研发领域遥遥领先。在新技术流行起来的时候，华为已经提前钻研多年。即便起步晚一些，也总能在短时间内反超对手。

联接力

联接力助力国家经济增长，促使行业飞速前进，也让企业实现可持续发展。华为自身一直在做联接，不管是与运营商，还是各行业伙伴，或者是终端消费者，都在华为的联接生态内，彼此合作、达成共赢。例如，Hilink、Hicar为智能家居和智能汽车终端消费者提供应用平台，鲲鹏生态圈集聚IT产业上下游伙伴，应用于服务器的欧拉操作系统（EulerOS）为开发者提供了一片肥沃土壤。

在华为联接生态中，人与人、人与物、物与物走向全面联接，筑造不一样的美好世界。未来，随着物联网的发展，将有更多企业加入联接中，让联接发挥更大价值，并借助联接的力量释放产业能量。

未来危机

华为本身是一个危机感很强的企业。内外部环境不断变化，压力与日俱增。一是外部竞争发生变化带来的压力；二是内部对未来不确定的担忧；三是中国信息通信产业面临挑战。

绪 言：华 为 式 超 越 追 赶

竞争加剧

　　企业竞争一直存在，不同之处在于出现了新特点。随着各种技术深度交叉和渗透，谁会是华为的下一个竞争对手都是未知的。通信技术、IT技术、智能技术、传感技术、控制技术等各种技术时常处于交叉状态，并且在同时演进。以网络为例，它是计算机IT技术与通信技术等技术的结合体，很难用某一种技术来完全将其概括。

　　技术强交融性决定着信息产业相关企业往往会同时涉足传感技术、通信技术、智能技术等多个领域，这种特点在巨头身上尤为明显。如今，宽带、云、物联网、人工智能和机器人技术等新兴技术的加速融合正在创造新商机，促进全球生态系统的繁荣发展。可以看到，越来越多的互联网公司正向通信业延伸，通信公司则向互联网领域渗透。以阿里巴巴为例，从通信芯片到终端消费产品，从LoRa技术到边缘计算，在物联网布局中阿里巴巴正在朝通信业进军。而小米作为一家终端品牌厂商，在物联网布局中除了推出大量智能终端消费品之外，在边缘计算、语音识别、消费级物联网平台、AI芯片、IoT芯片等方面也有涉猎。华为更是如此，它已跳出单纯的通信技术领域，进入到计算机技术、智能技术、终端制造等领域。例如，在数字经济发展中，联接和计算是两大基础。其中，联接技术包括5G、物联网等，计算技术包括云计算、AI 计算等。华为在这两方面及终端技术领域都有研究。

技术创新即将爆发式增长，跨领域竞争将越来越激烈。华为虽以发展通信技术为主，但它的对手也包括终端厂商、互联网企业等。过去，华为在通信领域的对手是思科、爱立信、阿尔卡特、诺基亚，在手机终端领域的对手是苹果、三星。进入物联网时代后，仅在云计算领域，与华为同台竞技的企业就包括亚马逊、微软、谷歌、阿里巴巴等。未来，在操作系统生态建设等方面，华为仍需追赶。在每一个时代，华为都在与时代浪潮顶端的企业竞争。

驶入无人区

2016年，任正非在全国科创大会上讲道："作为通信领域的领军企业，华为正在本行业逐步攻入无人区"。他曾多次谈到内心的担忧：

单学科技术的进步，给我们带来新的机会，已经让人目不暇接了，而跨学科领域的突破产生的巨大冲击波更令人震撼。

各种新思想、新技术都方兴未艾。我们不知道未来的社会结构会是什么样的，如何去适应它，驾驭它。

任何创新都伴随信息流量的爆炸增长，这些超大容量数据的存储、传送、处理会是什么需求，不能预测。

华为现在的水平尚停留在工程数学、物理算法等工程科

绪 言： 华 为 式 超 越 追 赶

学的创新层面，尚未真正进入基础理论研究。随着逐步逼近香农定理、摩尔定律的极限，面对大流量、低延时的理论还未创造出来，华为已感到前途茫茫，找不到方向。

重大创新是无人区的生存法则，没有理论突破，没有技术突破，没有大量的技术累积，是不可能产生爆发性创新的。现在的华为正在行业中逐步攻入无人区，处于无人领航、无既定规则、无人跟随的困境。华为跟着人跑的"机会主义"高速度，会逐步慢下来，创立引导理论的责任已经到来。

无人区代表着未知和不确定，它的另一层含义是，华为已经成为信息通信技术产业的领头羊之一，必须靠自己的实力往前走，并担负着行业重任。华为正在行动。2016年10月，华为派出2000名研发高级专家和干部征战海外，去占领图像时代和云时代的高地。在基础科学领域，华为正努力做到领先，不止聚焦应用理论，而是敢于为人类作出"天气预报"。前方是危机，也是希望。

不只是华为努力

华为的发展是中国信息通信技术领域的缩影。我国的信息通信行业能成为后起之秀，除国家创造提供了良好的行业环境，引导创新技术进步等原因之外，还因为有像华为、中兴这样具备全球竞争能力的企业。

当然，对于国家和产业而言，只有一个华为是远远不够的。对于企业而言，只有自己发展就难以做大做强。在华为驶入无人区的同时，我国一部分创新技术也进入了无人区。面对愈加残酷的竞争，甚至断链打击，自主创新的问题越来越紧迫。以芯片技术为例，我国企业的芯片设计能力实际并不输于他国，但在应用材料、光刻机、晶圆代工等方面还有较大差距。华为在芯片问题上被"卡脖子"，原因就在于此。只有靠更多力量从根本上解决关键领域自主创新问题，才能牢牢抓住信息革命的新机遇。这是华为的使命，更是中国信息通信产业的重任。

绪 言： 华 为 式 超 越 追 赶

华为技法：

华为技术的
21次突破

HUAWEI

第一章

通信技术：

主航道越做越宽

聚焦主航道，把主航道做宽，一直是华为的战略方向和目标。这句话所说的主航道，指的就是通信产业。华为从交换机销售起家，进入通信产业，而后一路从有线网络到无线网络，从1G到5G，从文字、语音时代到图像、视频时代，从代理产品到自主研发，是中国通信产业发展的亲历者。而今，华为已是ICT基础设施领域的领头羊。

华为通信技术史经历了从弱到强、从无到有的过程，从中也能看到中国通信业从一无所有到用户规模第一的蜕变。在通信主航道的扎实根基，为华为在物联网、云计算、人工智能等领域的发展注入强大能量。

第一节

有线时代：数字交换机沉浮

20世纪80年代，随着改革开放的推进，国内经济建设逐渐驶入快车道，人们的生活水平也有了显著提升。各类家用电器逐渐普及，电话也在其中。但当时，国内电话的普及率仍不高，通信基础设施建设不足是主要原因之一。

对于通信网络建设来说，交换机设备起着关键作用。交换机是一种通过线路转发信号的网络设备，担当网络链接的中转站，通过同时连通许多对端口，使每一对相互通信的主机都能无冲突地进行数据传输。可以说，没有交换机，就没有通信网络。

1982年12月，福州市电信局投产使用了全国首个万门程控市话交换系统，建成中国第一个程控电话局。这标志着我国通信行业的兴起。

但在当时，全国装机率不足0.5%，一切都得从零开始。在网络建设初期，运营商只得高价进口国外通信设备。这些设备因生产商不同，标准也不一样，给通信网络的维护和管理带来了很大的麻烦。即便如此，依然阻止不了通信时代滚滚而来的浪潮。20世纪90年代以来，中国通信行业迎来了最辉煌的时刻，用户平均每年保持44%的高速增长。1994年，中国电话网局用交换机净增近1900万线，用户交换机净增近400万线，全网交换机总容量达6363万线；电话机普及率，全国达3.2%，城市达13%[1]。1997年底，交换设备容量已达1.27亿线[2]，居世界第二位。到1998年，此时的公用电信网的

---

[1] 龚兴华.1995年中国电话交换机市场态势[J].通讯世界，1995（04）：31.

[2]《2000年前邮电通信能力发展情况》中华人民共和国工业和信息化部，2000-01-10。

第 一 章

通 信 技 术： 主 航 道 越 做 越 宽

总资产已是九年前的30倍，达到6000多亿元，其中1998年一年的投资就达1700亿元❶，新增固定电话网用户1800万户、移动电话用户1100万户，电话普及率已达10%。到2003年3月，固定电话用户达到2.25亿❷。"楼上楼下，电灯电话"成为一句流行语。

通信事业，尤其是有线电话的高速发展，使得走在技术和市场前列的一批中国工程师和资本也纷纷入局。以"巨大中华"❸为代表的民族通信企业相继崛起，国产程控式交换设备在这过程中取得重大技术与产业突破。

突破1——初露头角：交换机首研

1988年末，华为推出了首款自主研发生产的民用交换机BH01。在这之前，公司虽说是自主生产，但只是将各处购买来的散件加以组装，并配上自制的说明书。之后，又通过"逆研发"，成功复刻BH01交换机，取名为BH03。此时，华为还算不上真正掌握技术，但这种做法还是让其在通信市场中崭露头角。

---

❶《2000年前邮电通信投资及效益情况》中华人民共和国工业和信息化部，2000-01-10.

❷《2000年前邮电通信服务水平情况》中华人民共和国工业和信息化部，2000-01-10.

❸ 巨大中华，指巨龙、大唐、中兴、华为。

虽然BH系列产品在市场中已经广受好评，但华为并不满足于此。在BH03研发的过程中，任正非又紧锣密鼓地派人负责另一款新产品的研发。于是，在BH03面世不久后，首款由华为自主研发的民用交换机——BH03U诞生。由于产品意义非凡，华为放弃了对原有系列的继承，将其改名HJD48，并纳入全新的交换机系列中。

HJD48是华为涉足通信设备领域之后迈出的一大步，其研发经历了多次测试和优化。即便在面世一年后，华为内部鉴定会依然会对机器优化做进一步的技术论证。

在软件上，HJD48从服务对象考虑，除市面上原有的基本功能之外，还为宾馆用户设置了专门的功能，包括密码计费、弹性编码（可至4位）、计费系统、故障告警/切换等功能。这些灵活又实用的功能获得了客户的认可。

此外，HJD48最大的特点就是可以灵活组成各种形式的专网，这种专网将保证通信的迅速、准确、保密传递。HJD48交换机可以通过几台相同的设备连接，组成一个通信专用网络。虽然对于普通用户来说这个功能可能并没有什么实用价值，但却深受政府部门的欢迎。当时全国各省区市公安厅、各县市公安局等在联网时统一使用HJD48交换设备，通过统一编号、统一信令方式，实现全网全自动等位拨号、只听一次拨号音等功能。这样，全网就相当于一台用户交换机，沟通更便捷高效，通话质量和保密性得到保障。公安局内部通话时，只需要按8个号，即9+ABC+DEFG。其中9为专网长途字冠，ABC为长途区号，DEFG为分机四位号码。除了公

第 一 章

通 信 技 术： 主 航 道 越 做 越 宽

027

安系统，专网还被国家应用于边防、武警、电力系统之中，在机构内部的日常沟通和紧急指挥中起到重要作用。

在硬件设计上，HJD48交换机也不负众望。华为引进了大量先进器件，采用的电源供电系统功耗小、噪声小、可靠性高，在杂音电平、传输衰耗、串音衰耗等方面性能指标均远超国标。为了应对各种外部环境，HJD48交换机还具有超强的抗雷击、抗高压冲击能力。

之后华为又不断地改进推出了HJD系列产品，从最开始连接48个用户发展到最多可以同时连接512个用户。截至1992年，HJD系列交换机给华为带来年总产值超过1亿元、总利税超过1000万元的销售业绩。

突破2——高歌猛进：挺进局用设备

民用小型交换机制作门槛低，所以成了当时许多企业的首选目标。随着越来越多的企业加入其中，整个市场也开始趋于饱和。要想在鱼龙混杂的交换机市场脱颖而出，华为必须增强自身实力，抢占更多市场份额。于是，公司将目光转向技术含量更高，功能更强大的局用程控式交换机。

局用交换机和民用交换机最大的区别就是用户容量的不同。HJD系列经过多次更新迭代，一次最多也仅能容纳五百多名用户，而局用交换机至少能容纳上千名用户。所以从收益看，局用程控式交换机一单的收益抵得上之前几十单。

但是，局用程控式交换机服务的客户多是邮电局等企业，要想给他们供货必须有入网通行证，类似于营业执照。1993年，为了能更早地拿到入网通行证，华为不得不先搁置第二年才能通过的数字程控交换机，而选择农村线路电话常见的模拟程控交换机。

数字程控交换机和模拟程控交换机的区别是：数字是时分交换，模拟是空分交换。时分的交换方式无阻塞，空分的交换方式有通话线路的限制。使用起来的直观感受就是，在接通和挂断时，有无咔吧咔吧的声响。体验欠佳的问题导致模拟程控交换机只能用于农话。

华为将新产品命名为JK1000，于1991年8月通过邮电部专家评审，1992年4月被邮电部选中作为全国联合设计优化机型，1993年4月通过邮电部科技司组织的鉴定，成为全国的推荐机型。当时，国家邮电部对JK1000交换机的评价是：

（1）根据已开局的机器使用情况，该机运行稳定，用户反映良好；

（2）各项指标符合国标，部分指标有较大富裕度；

（3）采用自行设计的ASIC、EPLD、PGA、厚膜等新型器件，集成度高，整机功耗较低、可靠性高；

（4）技术上处于国内同类交换机的领先水平。❶

JK1000确实如邮电部的评价一样，在同类产品中属于佼佼者。首先是耗能低，当时国内其他同种机型工作电流常为

❶ 张学军. JK1000技术特点[EB/OL]. 1993-09-27[2022-02-22]. https://xinsheng. huawei.com/next/#/detail?tid=6787345.

13A，而JK1000工作电流仅为2.6A，相当于五分之一的耗能。而低功耗的系统又使得每块单板上的器件可靠性成指数提高。其次，我国中、小城镇和农村地区网络结构复杂，接口种类多，信号方式不单一，JK1000作为长途、市话、农话三合一的交换设备，能够完全适应农话网的各种情况，产品提供四种中继接口，可以满足不同的传输通道。最后，在软件上，JK1000被称为"傻瓜机"。它拥有高度智能化的系统，主机软件采用C语言编程，增加了可供产品使用的开发资源，例如全中文的会话式菜单、智能处理的键盘输入，还提供在线帮助系统，这些功能使得JK1000使用起来得心应手。

但由于时代进步的速度远超华为的设想，JK1000交换机在历经"短暂的春天"后，很快被更为先进的技术和产品所超越。

突破3——大获全胜：C&C08成功崛起

自1992年起，数字交换机技术已经逐渐成熟，像JK1000一样运用模拟技术的交换机迟早会被淘汰，所以在着手研发JK1000不久后，华为又招兵买马，投入精力开始对数字程控交换机的研发，即C&C08 2000（图一）。

BH01------BH03------HJD48----------JK1000----------C&C08
民用程控式模拟交换机　　局用程控式模拟交换机　　局用程控式数字交换机

图一　华为交换机发展历程

华 为 技 法：
华 为 技 术 的 2 1 次 突 破

1993年是华为研发最重要的一年，也是最艰难的一年。JK1000在市场中局势不利，华为在资金方面极度紧缺，可研发需要大量资金的投入，这方面的钱肯定不能缩减，所以只能在其他方面省。当时员工的工资很不稳定，拿多少、何时拿，都凭运气，这使得内部开始动摇。在这一年，每天都有新面孔进来，每天也有老面孔离去。人员频繁的变动阻碍了研发的速度，任正非心急如焚。在当年3月，华为的销售宣传部门就开始造势，提前将下一代交换机C&C08 2000公布于众，同时任正非又联系到开局地点并承诺六月份可以开局。

但是新产品的诞生从来不是在一声："我成功了！"的惊呼中实现，反而更像十月怀胎，需要经受痛苦的煎熬。为了让成千上万的用户之间实现两两通话，设备系统需要大量的逻辑运算。以当时的芯片性能，要实现万门网络交换至少需要十几个两米的机柜来布置电路板，如此庞大的体积自然不符合市场需求。为此，任正非东拼西凑出了十几万美元，从国外买来一套EDA（Electronic Design Automation，电子设计自动化）软件。1993年，SD509芯片横空出世。通过自主研发，华为成功将原先十几个机柜浓缩进几个拇指大的芯片之中。

体积的优化只是研发的其中一个难点，在信号干扰、电路设计、产品结构优化上，华为都遇到了不少的问题。问题繁多，时间紧迫，当时的项目经理毛生江每天急得在办公室踱步："再不出去开局，老板要杀了我。"到了10月，华为迫不得已将还没有完全稳定的C&C08 2000门交换机搬到了义乌电信局。虽然产品还有很多瑕疵，但在华为和当地电信局两个月的共同努力之下，C&C08 2000门交换机终于成功交付。

C&C08 2000完全可以媲美国外进口产品，实现基本通话和少量新业务功能，价格却是同类产品的1/2。义乌电信局原本要安装其他公司的交换机产品，但因市场需求迫切，新产品迟迟未推出，所以选择了华为的数字程控交换机。双方达成合作后，义乌电信局称赞C&C08 2000不仅上市快，而且工艺水平走在了行业前列。而后，物美价廉的C&C08 2000受到广泛好评，成功拿下了农村市场。

1995年，国内通信事业迎来了发展高峰，局用交换机新增1900万线左右，用户交换机新增400万线左右，全网交换机总容量达8600万线左右；电话机普及率全国达4.2%，城市达17%。国内涌现出许多像华为一样的自主研发企业，用户交换机厂家就达近180个，打破了国外企业对通信设备的垄断。交换机从当初几千块钱难求一机的状况，变成"白菜价"就能随时买到。装机费用则从最开始5000元到最后全免费，电话真正地飞入寻常百姓家中。这导致通信用户数量在短时间内急剧增加，2000门交换机已经不能满足市场需求。华为又快马加鞭，研制出了C&C08万门机。

万门机用中央AM/CM控制和负责通信模块（相当于人的大脑中枢），连接各个用户，一个中央模块可以同时连8个用户，这样一台设备就可以带动周围近万个用户，产品市场也逐渐由农村发展到县城。

C&C08交换机是华为首个大规模进入通信市场的产品，

华 为 技 法：
华 为 技 术 的 2 1 次 突 破

也是华为发展过程中浓墨重彩的一笔（图一）。开售一年内销售额就达8亿元，第二年，也就是1995年已近15亿元，此后以每年超过100%的速度增长，到2003年，C&C08交换机已累计销售达到千亿元，成为全球销售量最大的交换机机型。之后华为又在交换机的基础之上，衍生出了C&C08 iNET一体化网络平台，受到了市场广泛的追捧。

第二节
突破4——顺势而为，挺进互联网

1978年，在命运的转折点，中国选择了走改革开放的道路，从此经济迎来了奇迹般的腾飞。与此同时，远在大洋彼岸的美国，诞生了之后足以改变世界的互联网业务。1987年9月20日，"中国Internet之父"钱天白❶教授发出第一封"越过长城，通向世界"的E-mail，推开中国互联网的大门。

1994年，中国获准加入互联网。这是中国互联网诞生的标志。1995年，张树新创立首家互联网服务供应商——瀛海威，互联网开始走进普通大众家中。此后，互联网开始在东方大陆扎根并迅猛发展。许多知名门户网站都诞生于这个时期，包括网易、搜狐、新浪、腾讯等。

---

❶ 钱天白：1945—1998年，工程师、互联网专家，中国互联网开创者，被誉为"中国Internet之父"。

互联网的发展必定离不开基础设施的建设。为顺应时代浪潮，华为在1996年整合新业务方面的研发工作，成立了多媒体业务部，主要负责会议电视系统、传输、接入网、HFC、ATM、数据通信等与互联网有关的产品研发。

HONET：接入多媒体时代

互联网的崛起，使得数据、语音、图像传输成为现实，人类迈进多媒体时代。在多媒体走进千万家庭的路上，用户接入网起到了关键作用。

当时，接入网是全新的电信概念，泛指用户网络接口与业务节点接口间实现传送承载功能的实体网络。其主要作用是通过光纤将电信业务信息传送到小区、大楼，甚至家庭，使包括宽带业务在内的多种用户业务实现，在电信网络规划和建设中发挥了极其重要的作用。

在接入网的研发过程中，华为以C&C08大型交换平台为基础，研发出了以C&C08-HONET用户光纤环网为核心的综合业务用户接入系统。新产品具有自愈能力，带宽可动态分配，可任意上下路，综合CATV、双绞铜线和无线本地环路提供电话、高速数据、模拟CATV、数字图像以及不同应用层次的视像点播（VOD）业务，实现多网合一的综合业务接入网。同时，结合RSM、RSA、RSU可实现多级远端模块组网，使本地网结构更简化。HONET从根本上解决了市话改造扩容所面临的建设问题，提高了可靠性，降低了成本，真正做到通信网建设一次规划，一次施工，长期受益。

SDH：光纤取代拨号上网

20世纪90年代中期，虽然互联网开始在中国市场崛起，但想要实现在家上网并不是一件易事。网络连接需要依靠铜质电话线连通的拨号调制解调器，也就是"拨号上网"。在这种数据传输条件下，下载一张图片要花费数小时。尤其是从运营商到用户的"最后一公里"，任何数据传输，无论是一张图片、一首歌曲、一局游戏，还是一个视频片段，都会给作为互联网主干网的光纤干线增加负担。为改变这样的局面，中国在1995年掀起了一场光纤入户的通信建设高潮。

当时，以光纤技术为核心的传输模式包括PDH、APDH、SPDH和SDH。其中SDH作为20世纪90年代新兴崛起的技术，拥有远超其他三个模式的传输能力。在技术从PDH向SDH过渡的过程中，华为基于PDH的传输原理，结合SDH有关的组网技术，创造出独有的SPDH。但华为在使用的过程中，发现该技术始终无法与SDH相媲美。本着"要么不做，要么就做世界一流"的精神，华为投入了大量的人力和资金，在1994—1997年着力于SDH的研发。

为了更好地掌握这项技术，也为了产品更具有华为特色，华为SDH的研发从芯片入手，以自身需求为导向，将许多特色功能集于一体。这样也使得今后SDH系列产品在应用的过程中更具可控性和灵活性。

在研发人员的努力下，1996年，在0.35μm ASIC芯片的基础之上华为成功研制出SBS 155/622光同步数字传输系统。在国外，同类型设备的研制平均需要花费四到五年的时间，而华为仅用两年的时间就研发出了成熟的SDH产品。

因为是自主研发的芯片，SBS 155/622具有极强的产品升级兼容性，即使之后产品扩容，依旧可以维持很高的品质运营，而如果有新功能的增加，华为也可以直接在产品上做文章，避免了设备被淘汰造成的浪费或重复建网的尴尬。此外，为了维护网络的稳定，SDH设备一定要能对网络起到保护作用。在这方面SBS 155/622不但可以保护各功能单元，亦能为网络工作通道和复用段提供保护。

优异的产品性能使得华为SDH产品在众多竞争者中脱颖而出，被多地区市场广泛投入使用。

A8010：降低上网成本

拥有了接入网和传送网后，离"拨号上网"还差关键的一步——接入服务器。接入服务器就是在电话线接入互联网的过程中承担转换的作用。这是互联网建设的核心技术。为了建设公共接入平台，运营商不得不大规模采购接入服务器。当时思科在中国互联网掌握绝对霸权，90%的中国互联网市场都被其垄断，普通用户要想使用互联网需要缴纳高额的网费。而且当时思科的接入网设备仅能支持一号信令（一号信令是中国电信早期采用的一项技术，电话传送速度较慢），面对中国互联网用户爆发式增长，难免有点力不从心。

华为在互联网行业的发展并不占优势。不仅起步较晚，技术上也存在很大的跨越，在接入网研发初期显得有些手足无措。为了研究互联网，任正非给当时的研发人员一人一本《TCP/IP协议详解》，让他们自学。在团队认真研读和相互交流之下，仅用了一年时间，华为便研发出了能同时接入七号信令（七号信令可以使电话信号传送加快）的新型服务器——A8010服务器。

随后几年，中国互联网迎来了爆发式的增长，互联网用户急剧增加。售价低、速度快的A8010接入服务器，一跃成了各地电信部门的首选。一年之内，华为就拥有了国内接入服务器市场80%的市场份额。在1999年，A8010接入服务器的规格更是被列为国家标准。

第三节

突破5——王牌路由器：从打破垄断到反超巨头

宽带已经完全融入人们的生活中。现在，我们可以坐在电脑前浏览新闻、联机游戏，累了就躺在床上刷淘宝、聊微信，想看剧还能拿出平板电脑，百万剧库随意挑选。这些早已稀松平常的小事，都必须依赖网络宽带的支撑。

在最原始的电话拨号时期，打开一个网页需要等待很久。当时的网络环境中催生出的最大平台就是聊天室。但随着ADSL宽带猫的诞生，中国互联网步入了全新领域。即时通信软件在这过程中首先崛起，网络音乐播放器逐渐流行，反恐精英、星际争霸、魔兽争霸等网络联机对战游戏迅速爆红，各大论坛、社区充斥着整个互联网。

中国宽带的崛起离不开基础设备的研发，路由器、光电缆、光端机等，都与宽带息息相关。华为作为通信设备供应商，在其中扮演着不可或缺的角色。

路由器在宽带网络中通过网络接口，将局域网和广域网相连，使不同网络融合为一个整体，起到数据中转的作用，是实现互联网"互联"的核心设备。

1996年，华为推出的Quidway 2501路由器打破思科的垄断。之后，华为推出了VRP平台，为路由器的研发奠定了坚实的基础。2000年，华为推出Quidway NetEngine路由器，由此走上了路由器系列化的道路。经过十年的追赶，华为终于在2011年通过NetEngine 5000E路由器成功追平思科，而华为路由器通用平台，也升级为VRP V8，成功超越思科的IOS系统。

自此，路由器成为华为网络终端的王牌产品，并持续发光发热。

华 为 技 法：

华 为 技 术 的 2 1 次 突 破

宽带速度，不可阻挡

自20世纪80年代互联网诞生后，全球掀起了一场网络热潮。有热度自然就有红利，这期间美国涌现出一大批类似亚马逊、eBay这样的电商网站。这些网站不追求产品利润，只为增加用户基数，所以在短时间内发展壮大，展现出一片欣欣向荣的光景。互联网模式被华尔街看好，一时间各类网站纷纷成立，资本也大把大把投钱，互联网股票一路飙涨。但这种缺乏盈利方式的生产模式，像极了一个巨大泡沫，破灭是迟早的事。

2000年，泡沫膨胀到它的极限，爆炸了，一场互联网的寒冬紧随其后。美国纳斯达克指数从5048一路下跌至1114，整个股市蒸发了超过三分之二的市值。互联网泡沫对全球互联网发展造成了巨大影响，中国也受到波及。

经历了两年的沉寂，人们回归冷静，开始重新审视互联网，互联网也开始走向复苏。2002年之后，中国网络市场爆发出惊人的活力，人们对于互联网的热情随着时间推移越来越高涨，个人用户成为互联网市场的主力军。相应地，用户市场也开始更加注重多媒体化、互动性和人性化，消费热点也从原来的获取信息开始向休闲娱乐倾斜。这些变化导致原有的窄带拨号上网的传输速度无法满足用户需求，"宽带上网"的建设被中国各运营商提上日程。

从2002年开始，国内通信运营商也开始招揽宽带用户，为此推出了"宽带极速之旅""宽带e线"等一系列市场营销措施。截至2003年底，中国互联网用户已达6800万，电脑用户达3610万，连接到因特网上的电脑达到2890万台。这为宽带市场在中国的高速发展提供了坚实基础。

相较于拨号上网，宽带上网最大的变化就是信息传输速度的改变，拨号上网的速度标准是64Kbps，换算为常用的速度单位约为8KB/s，仅能用于文字信息的传输。而更换为宽带之后，用户平均下载速度可达512KB/s，速度提升到原来的60多倍。从拨号上网到宽带上网，不仅提高了数据信息传输速度，网络资费也有所降低。在拨号上网时期，没有统一的收费标准，可以预付费，也有后付费，有包月套餐，也可以按时长收费。整体平均下来当时的网费在2～6元/小时。宽带上网后，有电信运营商统一收费，包月的费用降至120元以下，因为地域不同，有的省份更是降至80元左右。

此后几年间，ADSL技术逐渐成熟，宽带速度也由原先的512K向1M、2M、4M、8M翻倍增长。中国互联网发展如火如荼。这段时间，网络游戏开始兴起，大街小巷的网吧中都能看见玩家们的身影；以即时聊天为代表的互联网产品逐渐流行起来。根据中国政府提供的数据显示，到2005年，我国的宽带接入用户规模超过3700万户，首次超越拨号用户规模，标志着ADSL等宽带接入方式成为互联网的主要接入方式。2008年，我国宽带接入用户规模跃升至世界第一。

随着时间的推移，用户对宽带速度的发展提出了新的要求。2009年底，《"十二五"通信基础设施规划思路》明确提出"建设宽带融合泛在安全的下一代信息基础设施"。2012年国务院印发的《"十二五"国家战略性新兴产业发展规划》中，首次明确提出实施"宽带中国"工程，中国互联网迈向下一阶段。

这时期，以SDH为代表的光纤传播技术开始普及。在此之前，虽然宽带传输时会应用光纤，但由于生产力不足，为了节约成本，在信息传输到用户家中的"最后一公里"线路通常被铜线代替，这极大地阻碍了数据信息的传输速度。为此，2013年8月，国务院办公厅在《国务院关于加快促进信息消费扩大内需的若干意见》中指出，"发布实施'宽带中国'战略，加快宽带网络升级改造，推进光纤入户，统筹提高城乡宽带网络普及水平和接入能力。"

在政策推动下，用户规模快速扩张。截至2014年，我国光纤宽带接入用户达到5393万户，到2019年末，我国光纤宽带接入用户已达4.24亿，占固定互联网宽带接入端口总数的93%。光纤的接入使得网速有了极大提升，带宽速度也从原本的几兆提升到50M、100M、200M乃至1000M。在线视频、网络购物、智能家居在这个时期应势而起。

以400G的速度赶超思科

自20世纪90年代中期起，随着微电子技术和光电子技术等基础技术的完善，世界通信技术的变革越来越频繁。尤其是计算机及其软件技术和通信产业的结合，使互联网一路崛起。

面对全新的领域，缺乏经验的华为只得基于美国企业以及美国市场在互联网设备的发展来布局自己的未来路线。1996年，华为中研部就开始了ATM、路由器、互联网接入服务器方面的研发工作。1998年，华为成立预研部，站在未来发展的角度，专攻前瞻性的产品及前沿技术。同时，在继交换、传输、无线之后，互联网设备的数据通信产品线成为公司新的重要产品线。而路由器就是宽带上网的重要数据通信产品。

1996年，华为实验性地推出了首款路由器——Quidway 2501。这款路由器设备内部仅有一块单板，上面运行各种协议软件和简单的路由协议。但在Quidway 2501推向市场后，并没取得良好的效果。当时市场的主流产品是思科的2500系列路由器，其销售台数超过100万台。面对互联网标准的制定者和数据通信市场的主导者，华为暂时败下阵来。

虽然经历了Quidway 2501路由器的失败，但华为并没有放弃互联网设备的研发。一个路由器最重要的，就是能以最快的速度把数据转发到目的地，谁拥有更快的速度，谁就能赢得这场比赛。华为虽然起步比思科晚，但这场马拉松比赛才刚刚开始。吸取了上一次的教训，华为在2000年推出了中国首款高端路由器Quidway NetEngine（简称NE），开启了路由器系列化的道路。

2001年，华为自主研发的核心路由器产品Quidway NE80

成功面世，标志着华为实现了由拨号到宽带的转向。华为Quidway NE80核心高速路由器不仅在产品性能上有独到的优势，而且在多业务处理能力和接入密度上亦能最大限度满足各行各业的需求。据《华为人》报记载："截止到2002年8月，华为Quidway NE80核心高速路由器已在我国各行业信息化建设的重点领域得到了广泛应用，产品销售共达150余台，Quidway NetEngine系列产品网上运行1100余台，综合市场占有率15.7%，成为国内主要高端路由器供应商。"❶

2004年，华为发布了旗舰核心路由器NetEngine 5000，每秒转发数据达10G，相当于思科四年前的速度。2008年，华为又推出了NetEngine 5000E路由器，每秒转发数据达40G，仅落后思科两年。2011年，NetEngine 5000E已经实现每秒转发数据100G，成功追平思科，达到世界领先水平。

在100G路由器攻夺市场的同时，华为并没有时间休息，高速发展的宽带互联网，对华为是挑战，也是机遇。为了把握市场机会，在一次会议中，华为决定将进度加快，争取在原计划上提前半年，也就是在2013年上半年推出NE5000E 400G核心路由器商用版本。

路由器速度的提升，关键在于芯片的研发。400G路由器芯片集成了22亿个晶体管，是业界同等工艺水平的2.5倍，它的难度和复杂度在业界首屈一指。好在早在2010年10月，海思团队就开始为400G路由器做准备。海思投入团队精英，

---

❶《华为人》，第135期（2002年11月05日）

组建了 SD58XX 验证项目组，在前期动员会上，时任网络芯片开发部部长的 Jason 就提出了新芯片一定要超越恩科的目标。

在芯片的研发过程中，项目组以"One Team One Dream"的口号激励自己前行。为了保证产品质量，华为采取"蓝军"战术，安排专人在产品测试阶段多挖掘芯片缺陷，开发团队为了督促自己，还主动提出只要测出芯片架构或者代码的问题，给予发现者一张电影票。就这样一攻一守，SD58XX 芯片在研发完成后实现了零调试、零等待、零缺陷。

除去芯片，路由器研发的另一大难点就是单板。路由器的单板面积大，PCB 层数多，芯片管脚数量动辄多达数万个，器件数量也有上万个，设计极其复杂。在同样大小的单板上，要实现 100G 到 400G 的突破，对高速信号线、单板密度、散热能力的开发提出了更高的要求。为了能在短时间内完成如此具有挑战性的项目，华为决定同时开始五个主要单板的研发，并提出了一个全新的开发模式——群开发模式：组建一个项目组，在组内设立模块负责人和单板负责人，模块负责人负责所有单板在模块上的集成，单板负责人负责所有模块在单板上的集成。因为五个单板的某些结构类似，所以这种高效的作战阵型得以顺利推行，保证了 400G 线路板一次投板成功。

最难部分顺利完成，成功提前了项目交付的日期，2013年5月，NetEngine 5000E 400G 成功推出，同年八月在沙特 Mobily 公司实现商用，400G 的时代正式到来。这标志着华为在路由器技术上反超思科。

此后，华为一路领先。2016年，华为发布了业界首个1T平台2+8集群核心路由器，打造出最具演进能力的骨干网平台。2017年，推出业界首个基于50GE FlexE的5G承载分片路由器，可提供50GE基站接入能力，无缝兼容100GE。2019年7月，华为面向智能时代，又再次推出NetEngine 5000E-20路由器，产品容量较前代提升10余倍，以全新的构架和新一代路由器协议SRv6，帮助客户从容应对新时代数字洪流。

平台支撑产品研发

路由器的成功离不开VRP平台开发。华为在路由器研发的这二十多年里，同时还研发出了一系列数据通信操作平台——VRP（Versatile Routing Platform，通用路由平台）。操作平台相当于数据通信设备的大脑，直接影响设备性能。一台数据通信设备能在产品上表现出哪些特色，很大程度都取决于网络操作系统的创新。

华为的经典产品之一——Quidway系列路由器，就依赖于VRP平台的支持。在研发Quidway 2501路由器时，华为开发人员通过互联网和红宝书自学，推出1.0版本。之后在VRP1.0的基础之上，华为又研发出后续操作系统VRP3.0和VRP5.0。2005年，多核CPU出现，华为放弃了在V5的架构上继续演进，决定将一切推倒，研发一种全新的平台架构。

2008年下半年，新一代网络操作系统V8正式开始研发。这个系统庞大又复杂，代码量达到1000万行。因此，研发团队花了一年多才完成产品架构设计，团队规模一度超过100人。

产品开发初期，最大的问题就是构建模块集成和测试。在此之前，华为内部从来没有人见过如此庞大的系统。为了解决这个问题，研发团队提出用分层持续集成的方式，将组建分批测试，保证每个迭代交付的质量。这种测试方式通俗一点来讲，就是分批次测试，每次往产品上加一点东西，立即去验证测试，有问题及时解决。按此办法，庞大的平台做了出来。2009年4月，搭载VRP V8的核心路由器NetEngine 5000E成功推出。

新的问题是，平台与产品整合有难度。由于对V8新架构理解不足，导致大家要花大量时间去修改融合的基础版本。比如改一行代码得花四个小时。项目人员苦不堪言，感到力不从心。直到架构师把全量编译改为增量编译、分步式编译，才解决了这一难题。但面对如此庞大的一个系统，想要实现产品和平台的融合还要克服很多困难。工作量大，任务重，员工虽然加班加点但还是难以按时交付。

直到2010年9月，V8从正式开发以来进入到第三个年头，产品成功在济南电信局开局。2011年3月，V8在中国电信广州研究院通过测试，被评价为"表现优异，设备可靠，性能出众"。在研发过程中，V8项目前后加入700～800人，耗时近四年，最终凭借其多框、多核、多进程的优秀性能，引领宽带网络进入V8时代。

第四节

GSM：打开移动通信大门

纽芬兰的圣约翰与英格兰的康沃尔之间隔了个大西洋，两地之间相距3200公里。1901年，伽利尔摩·马可尼（Guglielmo Marconi）把电报信号从康沃尔发送到圣约翰。这一发明意味着字母和数字可以编码为模拟信号进行实时通信。

在20世纪中，无线技术的进步已经给人们带来了无线电、电视、通信卫星、移动电话和移动数据等。所有类型的信息都可以发送到世界的每个角落。到了21世纪，无线网络、蜂窝技术、移动应用和物联网等方面已经得到了广泛应用。无线通信已经并将继续对人类社会产生深远的影响。即使有极少数的发明能够像无线技术这样"缩小"世界，也不可能像无线技术这样通过构建新的社交网络形式来改变人们的交流方式。

我国移动通信发展始于20世纪80年代。自1987年蜂窝移动通信出台以来，移动通信技术在大概30年的时间里从1G走到5G，完成了五次迭代升级。华为创立后，正赶上2G网络的发展，从此开始在移动通信网络上砥砺前行。

让更多人拥有"大哥大"

20世纪八九十年代，通信行业已经预感到，21世纪将是无线通信的时代。那时，虽然普通旧式电话充斥市场，但诸如数字电话和无线电话这样的增值网络也已萌芽，并逐渐成为电信业的主流。数字技术的出现，引发了新的电信技术革命。

早期，数据、声音等每一种信号都需要单独的线路。但随着数字技术发展，这些信号能够转化成为由1和0组成的数字信号，并集中在一条综合服务数字网络线路上，让所有信号都能同步传递。

其他新技术也相继问世：光导纤维电缆能提高信号传递能力；无线电传输能提高灵活性；良好的数据压缩能提高速度和网络的容量；日益尖端的软件能够指导数据的传递，并且能够把线路两端彼此孤立的技术连接起来。

随着技术发展，数字无线电话取得很大进步。首先，其频道容量得到大幅提升，使得20多部电话可以使用同一频道，改变之前一部模拟移动电话就占用一个频道的情况。其次，信息量的传递实现了数量级的增加。相较于之前普通电话6.5万比特/秒的信息传递量，数字传输技术能够达到惊人的150万比特/秒。

当时的电话公司都在纷纷提高线路的信息传递量。但更大的变化是，市面上出现了"个人通信机"，相当于现代版手机的基础版。虽然手机在后来成为大家的必备品，打电话、发短信、聊天、传图片这些都是最基础的功能，但在那时，"个人通信机"极具颠覆性，其出现改变了对传统电话的定义。行业前沿研究也认为，这种通信装置用无线电传递信息，既无噪声，且速度快，在无线电通信领域有巨大的潜力。

当时最好的"个人通信机"产品当属"大哥大"。1993年，全世界持有"大哥大"的人数共有2200万，其中一半在美国。在法国和德国，推出了全球移动通信系统。这种技术不仅让传递的信号更为清晰，也可进行国际通信，并且降低了电话窃听的风险。

同时，市场上早已开始研制无线公共支线交换机和无线局部网。行业对市场前景非常乐观，认为10年内，全球在新电信设备方面的开支每年会高达700亿美元。同时还估计，电信业的效益也会成倍增长，其收益和重要性都将超过汽车工业。

20世纪90年代，我国在密切关注各国信息通信技术发展的同时，也在着手发展自己的国家通信网，包括国防通信网、公用通信网和专业通信网，而公用数据通信网是其中的发展重点。

"七五"期间，我国共投入2000多亿元，建起10多个国家信息服务系统。包括5个国际和7个国内卫星通信地面站的国家卫星通信系统初步形成了信息现代化的基本构架。

"八五"期间，全国计划建成以北京为中心，连接全国大区中心和沿海地区约18个城市，由光缆干线、数字微波干线和大中型卫星通信地球站组成的传输网，并合理利用已有的数字微波干线进行延伸和扩展。

"九五"期间，通信领域的建设进一步扩大，建成了以光纤为骨干的全国大容量数字干线传输网，为我国通信领域构筑

第 一 章

通 信 技 术： 主航道越做越宽

了一个基本的网络框架。

中国的信息产业虽然起步晚一点，但全国上下都已经深刻认识到，信息化是实现现代化的必要条件。并且用户对无线通信的需求旺盛，每个人都想拥有一部能够随时随地打电话的"大哥大"。

20世纪90年代初，移动通信领域开始从模拟转向GSM技术。GSM技术属于第二代移动通信技术，它有通话时话音清晰、干扰小，并且频率利用率高等特点。刚开始，全国仅有几万移动用户。短短几年后，GSM用户已经成指数级增长，拥有"大哥大"的人越来越多。

出于公司未来发展战略的角度，华为在1995年开始了GSM的研发。华为希望在新的市场形势及行业形势下，不落于人后。因此，企业需要掌握更加先进的通信技术，并使之成为新的收益增长点。在早期一些无线产品开发积累的基础上，华为决心实现新的飞跃，正式进军移动通信领域。

突破6——打造中国自己的GSM

2010年，2000名俄罗斯诺里尔斯克地区的新用户导入华为的GSM系统。这意味着，华为的GSM网络步入了全世界离北极最近的地方。华为的设备在经受了西伯利亚严寒的考验下，依然正常地为俄罗斯人民服务，成为第一个北极圈内的GSM网络。

在华为内部，GSM网络命运多舛。1995年底，华为无线人决心搞出属于中国人自己的GSM。虽然之前在模拟通信ETS开发上有一些经验，但其实华为关于研发GSM所必需的数字蜂窝通信技术积累非常有限。并且一开始，相较于西方公司五六百人的研发团队，华为只有二十余人。

1996年5月GSM进入系统设计阶段。一开始，研发小组就定了一个很高的目标：1997年年中打通电话，1997年年底转产。

口号虽然喊得响亮，但真正研发起来，却不是什么简单的事。光是GSM的协议就是几十本。另外，在基站BTS，基站控制器BSC，核心网交换机MSC、HLR等产品和OMC无线网管等GSM关键技术方面，华为的积累更是少之又少，一切都得从头开始。

当时，交换机和BSC（Base Station Controller，基站控制器）需要采用B型机32模平台，但华为没有现成的基站可供使用，因此，研发小组决定自己研发。

大家要面对的困难越多，办法就越多。没有合版本的工具，就在两台机器上保存5个备份，合版本时同时改5份。人手不够，就一个人做几个人的事。比如，在做B型机文档设计时，华为没有相关的专业人员。一位研发人员就自己总结，手写了一篇关于B型机内部时钟中断、资源分配、数据库管理的文章，用于指导GSM开发部的程序开发。虽然问题很多，但也让GSM人成长起来。

在项目进行期间，项目组夏宁和成林两人每天都在争论

GSM 协议中关于 MAP 信令和 ASN.1 编码的技术问题。有些问题甚至连带他们的师父刘江峰也回答不了。但是问题却在他们的不断辩论中，变得越来越清晰，大家对于 GSM 的理解也越深刻。后来这两个人都成了 MAP 信令方面的权威专家。

1996 年 5 月到 8 月，GSM 完成了系统设计；1996 年 9 月到 1997 年 5 月是产品的设计、开发和测试阶段；到了 1997 年 9 月，华为的 GSM 就已经开始系统联调。由于前期开发时间紧，各个接口商议得不够充分，导致问题不断。但最后在集体的攻关下，问题也都逐个被解决了。

1997 年 9 月 5 日这天，GSM 流程还是走不通，蒋滔便修改了局向数据和号码数据。之后流程再重新加载，打通了华为第一个 GSM 电话！

电话虽然打通了，但是通话质量不佳，有太多杂音导致声音听不清楚，还得不断改进。话音质量是用户在使用手机时的第一感受，因此是评价 GSM 系统的一个重要指标。于是，负责 GSM 系统中语音处理板开发的项目组肩负起提高通话质量的重要任务。

通话有杂音的原因是语音处理板不达标。项目组刚成立的时候，语音处理板部分，由小组自主开发。他们在硬件平台上研究算法软件，开发出了语音处理板的第一个版本。虽然打通了 GSM 的第一个电话，但缺陷也陆续暴露。1998 年，沧州开局的时候，GSM 话音质量问题已经凸显。这一问题让不久后要进行的内蒙古的电总测试倍感压力。

当时项目组有三个选择，一是坚持自主研发，但是很难在短时间内研发出能够提供高质量服务的产品；二是和其他公司合作开发；三是购买其他厂商的成熟产品，但这样无疑会大大增加系统成本。项目组做出就当时来说最合适的选择，先通过购买成熟产品来暂时替代，在这期间，持续投入自主研发，并积极和其他友商合作。

研发异常艰难。刚开始，单板软件和硬件第一次设计时，由于技术资料不全，仅语音算法中就有上百个相关参数需要调整。项目组研究后发现，采用专用芯片有助于解决问题。最终，经过反复测试、调整、优化后，开发出了采用专用芯片设计的第一块语音处理样板，语音质量得到保证，华为自主研发的GSM设备也顺利通过了电总测试。

1997年11月，华为工作人员带着GSM全套产品参加在北京举办的"中国国际信息通信展览会"，并打出了"中国自己的GSM"标语。各部委、全国各省运营商蜂拥而至，纷纷对华为表示祝贺，同时还得到很多国内外业界知名专家学者的赞叹。1998年，华为GSM产品一面市，爱立信、西门子、摩托罗拉等通信巨头便主动大幅度降价。华为预计1999年之后GSM产品会从每线1200元降到1000元，但实际是，华为GSM产品一推出，外国通信公司就将价格降到了950元，此后再降到了850元。华为GSM成为市场上同类产品强有力的竞争者。

1998年前后，华为GSM在经过内蒙古移动和河北联通的试验局验证后，成功实现商用。在两年时间里，华为攻下了之前欧美通信巨头垄断的湖南、四川、福建、辽宁地区。这

第 一 章

通 信 技 术： 主 航 道 越 做 越 宽

是国内企业首次在这些地区争取到市场份额，打破了外国企业在中国的长期垄断。

但之后，华为GSM的走势却没有如计划般顺利。由于当时邮电部进行了拆分，中国移动市场格局发生了巨大变化，中国电信没有拿到移动牌照，而中国联通由于与中国移动的竞争处于较大劣势，需要借助CDMA技术开展差异化竞争。于是在2000年的时候，中国联通选择了与高通合作，开始关注CDMA的商业化推进。这就意味着，国内运营商没有选择GSM技术，华为失去了在这片战场战斗的机会。

雪上加霜的是，当时的国际电信巨头大幅降低产品售价，打击华为GSM产品在市场上的竞争力，且华为对GSM产品的生命周期判断失误。华为预计，GSM市场在2000—2001年会达到成熟期并趋于饱和，取而代之的将是3G网络。因此，公司早早启动了3G研发。但实际上，GSM市场一直需求旺盛，在2002年才进入成熟期。

种种原因导致华为GSM在国内的销售并不顺利，国内市场份额占比相当少，到2003年止，华为的GSM系统都未攻破中国主流GSM市场，只能在边际网、偏远农村地区和内蒙古才能看到华为GSM的一点身影。所以GSM产品研发出来以后，主要销售收入基本来自外国市场。

面对国内市场的劣势，华为及时调整发展战略，立刻开始研发CDMA，但也并没有放弃GSM。面对至少还有5～10年生命周期的GSM，华为继续加大投入。结合之前老产品的经验，并全面分析了业界现状及客户的需求以后，研发出业界一流的GSM产品。新的GSM上网之后表现稳定。华为更是独创性地推出了边际网概念。这种小的GSM基站靠其节能且面积小等特点，迅速占领了国内的农村、城市郊区等网络盲区，逐渐打开了国内的GSM市场。

第五节

3G:卡在牌照上的技术

1993年，美国克林顿政府正式提出《NII：一项行动的日程》，NII是一张为了给电视、电信、教学、科研、商业和金融等行业提供服务的覆盖全美的信息网络。该网络是以光纤为基础的，能够传输声音、图像、数据的信息网络，具有高速度、大容量、自动化等特点。

接着多国政府紧随其后，抛出了自己的建设信息高速公路计划。信息大战拉开了帷幕，一场改变人们生活方式、思维方式的战争已经打响，固话网络时代开始渐渐退出历史，无线通信时代悄然来临。通过光纤传输声音、图像、数据的信息网络成为发展新趋势。

20世纪90年代是3G技术CDMA的天下。这是二战时美军用来抗干扰的一项通信技术，高通后来对其继承发展，并将之推广商用，成为一种新型的蜂窝移动通信技术。CDMA具有大容量、高质量、综合业务、软切换等特点，完全符合现代通信技术的要求，因此成为全球通信厂商共同的未来发展战略，代表着未来移动通信的发展方向。

在 90 年代末，CDMA 技术进入黄金发展阶段，特别是在 1997 年后，CDMA 技术在韩国、日本、美国、中国和印度形成增长高峰期，在全球通信市场的份额持续上升。

不过，对于华为来说，3G 时代的开场有一些艰难。虽然华为较早攻克了 3G 相关技术，但因国内迟迟未发商用牌照等原因耽搁，不得不去海外征战。在国内牌照发放后，华为做出进军手机终端的决定，开启了一个新领域的大发展。

突破 7——超前研发，进军海外

由于全球 CDMA 技术商用时间比较晚，在当时的设备制造领域尚未形成几家企业垄断全球市场的局面。也就是说，在起步期，国内外厂商基本处于同一起跑线上。发展 CDMA 成为中国在移动通信领域打一场翻身仗的难得机会。另外，市场需求也在不断增大。移动电话开始从身份的象征变成大众生活不可缺少的通信工具。自主研发 CDMA 技术，已是迫在眉睫。

华为研发 CDMA 技术，是一个演进的过程。在第二代数字移动通信技术 IS-95 CDMA 的基础上，华为进一步研发了 CDMA 2000 的第一阶段通信技术 CDMA 1X。

1995 年，华为争取到一个国家 863 项目，主要就是关于 CDMA WLL 系统的开发。在 1996—1998 年的几年时间里，华为研发出了CDMA原型机,获得了CDMA研发的关键技术。

到1999年底,华为获悉中国电信有建设WCDMA网络的意向。但华为没有WCDMA网络产品,尤其是关于核心网的部分。于是,公司果断决定开发WCDMA核心网项目,迅速组成了一支来自无线、数通、光网络、固网、传输五大业务部的80人研发团队,代号3030,开始封闭研发WCDMA交换机和HLR产品。

研发期间,小组成员们白天看资料,晚上讨论。他们以GSM为原型,对部分模块和流程进行大规模重构,逐步构筑了未来产品的系统架构雏形。其中,关于MAP模块,大家有许多构想。项目组分成了两派,"保守派"希望基于GSM架构,依葫芦画瓢,继承大部分公用函数;"激进派"希望彻底重写,进一步优化和简化公用函数。大家投票表决后,"激进派"取得了胜利,于是项目组完全重构了MAP模块。

还有很多困难,比如呼叫。这一技术至关重要,因为各个模块都需要用到呼叫模块,例如寻呼功能。此时,研发需要把散落在各个功能里面的寻呼归一到一个CBB函数上。而这一重任落到了呼叫模块的大拿——华为无线部门CDMA项目组成员之一的杨联身上。

每个人的任务都不简单,这让项目进展变得缓慢。为了加快进程,产品领导还把传输所的一位WCDMA专家"抢"来和研发小组的成员们一起阅读协议,为成员们一一解答疑惑。

随着对WCDMA的深入了解,项目组转入了产品的设计和开发中。从1999年12月初开始，到2000年1月下旬成功打通第一个电话，项目组只用了50天的时间，就完成了WCDMA这一超前技术的研发。

但要真正实现商用还要走很长一段路。WCDMA研发出来后，就面临商用困难的问题。当时国家对3G还保持观望的态度，所以一直没有给运营商发3G牌照。没有牌照，WCDMA就没法在中国立刻运行，实现商业化。再加上2002年的通信行业出现了一次行业性的整体下滑，大家都将这段时间称为"寒冬"。

在国内，新产品小灵通在"寒冬"中逆势生长，呈现出爆发趋势。但华为认为这是一个过渡产品，不值得投入。然而，无线没产出，3G研发还在大投入，整个公司收入只能靠有线网络产品线。华为公司发展面临极大风险。在国内无线市场暂无希望的情况下，2002年底，公司组织精兵干将出征海外，从海外市场寻找机会。无论是被动还是主动，机缘巧合下，这成为华为无线走向海外的起点。

为了开拓境外市场，华为买了两个商用样板点开局。第一个是在香港。

2003年，香港一家移动通信商SUNDAY想要建一张覆盖全香港的WCDMA 3G网，选择了与华为合作。按商议协定，华为将为其提供全套端到端的WCDMA解决方案，包括WCDMA的无线基站系统、核心网、3G移动数据业务管理平台和3G手机终端等。而作为独家供应商，华为还参与了香港SUNDAY 3G建设的全流程。

华 为 技 法：

华 为 技 术 的 2 1 次 突 破

在这之前的2002年，华为还接到了阿联酋电信运营商
Etisalat的RFI（Request for Information，信息请求）。Etisalat
咨询了华为关于3G研发的进展和成果及其商用情况，有意向
和华为进行3G建设方面的合作。对于华为来说既是机遇，也
是挑战。

随后，华为在试验局中以建网规模大、建网速度快、服
务质量优、贴近客户需求等优势，在竞争中占领先地位。

2003年平安夜，Etisalat召开新闻发布会，正式宣布中东
及阿拉伯国家的第一个3G网络成功商用。经过GSM联盟确
认，这是全球第七个商用的3G网络。华为拿到了这份来之不
易的合同。

之后，华为在海外市场一路过关斩将。2003年，进入
非洲市场；2004年12月，华为与荷兰签订覆盖荷兰全国的
3G项目，这是中国首次对WCDMA发源地欧洲的成功突破；
2005年，第一个突破印尼；2006年，进入北美市场……

华为在2005—2006年的销售收入保持了持续高速增长，
特别是在2005年，海外市场销售收入第一次超过国内市场的
销售收入，逼近60%。一年以后的海外销售收入更是直接占
到了65%，销售收入在较大占比的基础上仍然实现了快速增
长。全球有67个国家的3G建设选择了与华为合作，WCDMA
的35个商用合同中有12个来自欧洲。英国沃达丰、西班牙电
信、荷兰皇家电信、希腊电信、意大利电信这些欧洲市场上
的高端客户，都纷纷选择了与华为合作。

第 一 章

通 信 技 术： 主 航 道 越 做 越 宽

迟来的中国 3G 牌照

2002 年，中国 TD-SCDMA 产业联盟成立。TD-SCDMA 标准是中国第一个 3G 标准，拥有独立的知识产权。面对即将到来的 3G 大规模建设，如果中国三家电信运营商都采用 WCDMA，那么在网络建设的经验、技术实力、研发能力和专利上，国外企业都占据较大优势，中国本土企业很难发展起来。

当时，世界领先的设备和终端产品制造商，如摩托罗拉、诺基亚、爱立信以及国内一些供应商都在热切期盼着 3G 牌照的发放。在中国，为获得一个自主知识产权的 3G 标准，政府决定给国内的 TD-SCDMA 技术研发留充足的时间，所以一直没有发放 3G 的商用牌照。

到了 2008 年，中国电信业进行第三次重组，从六家运营商重组合并成为三家全业务的运营商。紧接着，国家向三家运营商发放了 3G 商用牌照。

中国的 3G 时代终于来了！

中国移动、中国电信、中国联通三家运营商分别获得了基于 TD-SCDMA 技术制式、CDMA 2000 技术制式和 WCDMA 技术制式的经营许可牌照。至此各大通信企业一直期盼的中国 3G 牌照，终于尘埃落定。

随着中国 3G 的起步，华为的 3G 业务也在国内开始大展拳脚。

2009年2月11日下午4点，广东广州，中国联通与华为联合宣布，中国首个WCDMA商用网络视频电话通话成功，标志着中国WCDMA网络商用进程真正起步。后一天的凌晨在上海和青岛也分别打通了画面、声音清晰的WCDMA的视频电话。

截至2009年4月19日，华为协助中国联通WCDMA项目累计开通广州、郑州、哈尔滨、乌鲁木齐、南京等23个城市全网以及26个本地网，并全力以赴进行网络优化工作。

截至2009年4月27日，华为CDMA设备协助中国电信在浙江、湖南、新疆、河北、江西、吉林、甘肃、江苏、山西、广东完成省级替换割接，以及35个地级市本地网的替换。共替换11670套设备，替换完成率达90%。

截至2009年4月27日，华为协助中国移动TD-SCDMA项目，负责9个重点城市，累计平均安装完成率达98.3%。其中太原、南京、郑州、重庆、成都设备安装完成率达100%。成都、郑州、南京3个本地网已全网开通。

从"＋华为3G就在你身边"的新理念中可以看到，华为在3G时代对于市场的追求：不断提高自身技术能力，为全球用户带去更加流畅、高性价比、高水平的卓越服务。找准自身定位，与运营商一起，把3G带到消费者身边，让生活因3G而不同。

第 一 章

通 信 技 术： 主 航 道 越 做 越 宽

4G:用标准说话

当人们刚开始习惯用3G网络刷微博、发微信的时候,4G时代接踵而至。2013年12月4日,中国政府正式向国内三大运营商颁发了4G牌照。

3G时代,人们因为能通过手机拍照、发彩信,通过QQ跟朋友即时聊天而感叹时代的进步。谁又能想到,4G时代的到来,不仅进一步深刻改变了人们的生活,更是催生了无数新兴行业。虽然大家都知道4G可以让手机视频更流畅,但没有人预测到短视频的爆发;二维码在日本被发明时,也绝对不会想到其能变成日常支付方式;大家都知道4G的上传速度可以实现在线直播,但谁也没有想到全民直播时代来临,更不用说各种电商、外卖、打车平台的接连兴起。4G再次改变了人们的生活。

全球通信组织3GPP从2005年初就开始研究LTE;2008年将其作为3.9G技术标准;又在2011年提出将长期演进技术升级版(LTE-Advanced)作为4G技术标准;之后,各大运营商和巨头,都相继加入LTE阵营。

4G时代,我国大体建成综合通信网络,移动网络覆盖面继续延伸,而且通信质量提升,大量乡镇农村也享受到网络的便利。2015年,中国4G网络规模全球第一,4G网络覆盖和用户规模都超过其他国家。在这个时代,华为不仅在市场上大放异彩，而且在标准制定上拥有了话语权。

LTE：长期演进中的无线网络

LTE（Long Term Evolution，长期演进）是移动通信系统中使用的创新高性能空中接口的项目名称，通常被人们称为3.9G技术。国际上将2G、3G这类说法用于描述移动通信技术发展的典型阶段。例如，GSM就是俗称的2G时代，而WCDMA、TD-SCDMA和CDMA 2000则属于3G时代。通常来说，下一代网络在速度、性能等方面更优越。

不过，移动通信技术的发展都是逐渐演进而来，并不会直接升级转换。比如，GSM与WCDMA之间还有被称为2.5G技术的GPRS技术。可以简单理解为，GPRS技术比2G先进，但还达不到3G的程度。

为了体现技术的先进性，LTE技术的编号被提升到3.875G，简化为3.9G。其实，LTE的理论峰值速率最高也只有300Mbps，离4G要求的1Gbps差距较大。但后来，LTE被公认为4G技术，之后的LTE-A技术就被称为4.5G，LTE-A pro则为4.75G技术。

LTE的确定要追溯到2004年。当时，3GPP标准化组织内的所有运营商和设备商共聚加拿大魁北克，一起讨论关于下一代移动通信技术的方向。研讨会后，各大运营商和设备供应商都认为已经到了启动下一代演进技术研究和标准化制定的关键时刻。

第 一 章
通 信 技 术 ： 主 航 道 越 做 越 宽

会议上，3GPP把这个下一代移动通信系统暂时命名为LTE。其中又包括三种技术，分别为SC-FDMA、OFDM和MIMO❶。

其中，SC-FDMA技术每次只能发送一个符号，这种工作方式和GSM类似，SC-FDMA是单载波，使得移动终端能有更好的发送功效，还能让电池用得更久；OFDM技术是一个支持多用户接入的技术，有较强的时延抵抗力；MIMO多进多出，顾名思义就是在发送端和接收端都设置多根天线，这样信号收发的时候，就有多个信道，极大地提高了信道的容量。

而这三种技术又分别有两种模式，分别是FDD和TDD。

FDD用于成对频谱，也叫频分双工；TDD用于非成对频谱，也叫时分双工。虽然分为两种模式，但其实这两种模式技术内容相似，其相似率高达90%。也可以认为，它们属于一个技术规范下，两种不同的无线接入方式。按3GPP要求，在功能提供和演进增强方面，这两种模式要保持同步发展。

在2004—2005年LTE项目的需求讨论阶段，重点在于选定需求后再去找相匹配的技术。由于需求在前，所以讨论时不仅要考虑技术先进性，还要考虑技术研发的复杂性、可行性，以及运行的成本等，技术研发全流程的因素都得考虑到。

国内后来主流的基于OFDM的TDD演进模式，是2005年

---

❶ SC-FDMA（Single-Carrier Frequency-Division Multiple Access，单载波频分多址）、OFDM（Orthogonal Frequency Division Multiplexing，正交频分复用技术）和MIMO（Multiple Input Multiple Output，多输入多输出）

在法国召开的3GPP会议上，大唐联合中国的多家厂商一起提出的。之后在同年的首尔，这项由TD-SCDMA演进而来的TD-LTE技术提案得以通过。

到了2006年，LTE的规范制定阶段开始了，这意味着LTE通过了可行性研究，开始了下一阶段的推进。之后，中国移动参与，还有国际上多家运营商一起联合提出了TDD帧结构，在LTE的标准制定阶段增加了一份提案。中国移动将这样的TDD标准写进了LTE。

2008年，3GPP发布了LTE的第一个版本——3GPP Release 8，通过技术手段与3G实现了无缝互通。2009年，运营商TeliaSonera在瑞典和挪威两国开通了全球首个商用LTE网络。

美国高通公司也不甘示弱。早在2000年，高通就启动了OFDMA研发。2006年，收购聚焦OFDM技术的无线宽带技术公司Flarion，并实现全球首个移动OFDM系统商用。2009年，成功研发出同时支持FDD和TDD的LTE解决方案，这是全球首个完整的LTE解决方案。

目光转回亚洲，韩国的LTE一直走在世界前列。2011年，在LTE还没有在全世界推广之前，韩国的电信运营商就开始提供LTE服务。两年后，韩国的LTE的网络用户就突破了2000万，之后更是先一步进入LTE-A时代。

日本的4G网络在亚洲也处于领先。其最大的运营商NTT DoCoMo占有全国近一半的市场份额。2013年，DoCoMo的FDD-LTE网络覆盖率就超过了70%。而软银的4G网络同时运营了FDD和AXGP两种技术，AXGP网络兼容TD-LTE网络。

第一章

通 信 技 术： 主 航 道 越 做 越 宽

2013年12月4日，工信部分别向中国移动、中国电信、中国联通颁发了4G运营牌照，均为TD-LTE制式，拉开了我国4G时代的序幕。

突破8——华为，LTE标准引领者

华为无线人与LTE的故事是从2008年开始的。那时，国际电信联盟无线电通信部门在全球各标准化组织中征集LTE候选方案，业界公司和机构都摩拳擦掌，华为也跃跃欲试。面对新的机遇和挑战，华为立刻搭建了LTE团队，项目组迅速投入LTE候选方案的制作。

评估工作的初期，专家还没到位，研发人员需要对多项新技术进行全面调研。期间遇到了很多问题。比如，信道模型的建模，不仅参数多，而且参数间关联性强，实现起来极其复杂。随着项目的推进，问题还在成倍增加。但问题再多，也经不过LTE人的"死缠烂打"，信道模型的建模终究还是被研发人员所攻克。

LTE的链路预算工作，也是靠着华为研发人员的耐力，一点一点"熬"下来的。链路预算非常细致，所涉及的参数表格要写好几页纸。面对密密麻麻的数据，校对工作充满挑战。为了确保数据准确无误，研发人员白天晚上都在反复核对、确认。在一位研发人员的家里，只要他开始念叨数字，家人全都不说话，害怕打乱他的思维。就这样，通过仔细认真的对比，所有数据都没有错误。

凭着项目组的执着和努力，华为成为唯一一家完整提出链路预算分析的公司，并撰写了链路预算分析方法和总结，其结果作为3GPP的最终版本提交到国际电联。3GPP全会主席发来贺信："感谢华为在评估工作上的杰出工作和卓越贡献。你们在3GPP工业组和中国评估组的合作中扮演了重要角色。"

在技术商用方面，华为也走在前面。早在2007年，华为就与全球领先运营商开展了LTE合作。华为与运营商共同研究、设计全球第一个LTE商用版本。2009年，华为与北欧电信巨头TeliaSonera开通了全球第一个LTE商用网络，并与全球前50强运营商中的37家开展LTE合作，构筑了领先的LTE标准专利优势。

2009年，华为在日本东京建成LTE实验室。该实验室成为华为LTE技术孵化器，同时还为LTE的实施和商用提供测试和培训服务。在日本，软银旗下负责TD-LTE的子公司WCP（Wireless City Planning）与华为合作，在东京、名古屋、大阪等地建设大约4万个基站。2011年，软银借此一跃成为日本第二大运营商。

在国内，华为TD-LTE在2010年初步完成了实验室技术验证，并在上海世博会、广州亚运会实现了全球展现。2011年，华为在杭州启动TD-SCDMA演进TD-LTE技术方案，例如，8月实现成片站点开通；10月进行了50多个站点密集城区的商用验证。这些应用为TD-LTE快速提升网络的能力提供了关键的解决方案保证。

第 一 章

通 信 技 术：主 航 道 越 做 越 宽

但当时中国 TD-LTE 牌照迟迟没有发放，只有几款手机支持 TD-LTE。TDD 虽有大量频谱，想建 TDD 的运营商却都缺乏资金。但华为 LTE 人没有放弃，为 TD-LTE 做产业品牌，举办巴展 TDD 之夜、杭州 TDD 现场会，出 WinWin 杂志 TDD 专刊等，让 TDD 的订货额达到了 13 亿美元。

2012 年，TD-LTE 在全国 14 座城市快速部署。华为与运营商共同发起"面向规划，面向建设，面向优化，面向组网，面向多网互操作，面向新技术、新产品"的研究攻关，为 TD-LTE 网络 2013 年一期大规模规划、建设、运营、优化和业务发展等提供了关键指导。

同年，世界移动通信大会在巴塞罗那召开，华为在大会上展示了全球首个跨频段载波聚合方案，该方案基于 LTE-A 技术，实现 800MHz 和 2.6GHz 两个不同频段之间的聚合，能够提高用户峰值速率和系统吞吐量。同时，华为还展示了高阶 MIMO 技术，例如 4×4 MIMO，这个技术将极大提高频谱效率，减少运营商在频谱上的投资。华为不断在 LTE 网络部署中帮助运营商应对网络流量的飞速增长。

2013 年底，中国 TD-LTE 发牌，TDD 迎来了它的高光时刻。当年，华为 TDD 产品线订货达到 26 亿美元。到了 2014 年，国内外的 TDD 交流需求跟客户对发货量的饥渴需求一样暴增，年底订货达到 43 亿美元，全球 TD-LTE 用户数超过 1.1 亿。

2016 年，华为以 29% 的全球市场占比成为 LTE 市场的龙头，诺基亚位居第二，再次是爱立信，中兴和三星位列四、五位。因为美国市场的限制，抛开这一地区来看，华为在之外的市场份额更是超过40%，是二、三名之和的两倍。

在国内，截至2016年11月底，华为帮助中国移动建成146万个4G基站，实现全国乡镇以上连续覆盖和行政村热点覆盖。到2016年年底，中国移动4G基站建设数量超过140万个，而中国移动4G用户也超过5亿。❶

第七节

5G：无限可能

迄今为止，移动通信技术已有五代升级。2G技术实现的是从模拟到数字的跨越，3G技术实现的是从语音到数据的跨越，4G技术实现数据的IP化，让数据速率大幅提升，优化了人们的网络体验。如今，5G时代顺势而来。

短短几年时间，4G从各个方面改变了人们的日常生活。几年之后，5G将掀起更大的惊涛骇浪。无论是工业物联网，还是智能机器人，都将基于5G来实现。华为冲在前面，站在行业前端，开拓5G时代的无人区。

不只是多1G

有人曾调侃说"5G是比4G多1G"。但实际上，不管是技

---

❶ 孙永杰.配合4G+网络商用中国移动全力发展4G+终端[J].通信世界，2016（33）：22.

术还是应用，5G都不只是多1G。

在4G时代，很多人体会过这样的情景：上万人的大会发不出消息；在小范围内，如果人数超过万人，无论是WiFi还是4G，都不可能同时上网，因为信息的流通量超过了网络的带宽。

而5G mMTC关键指标却能满足：一平方公里内，能够承载100万个终端，带宽限制50MHz；在最差的信号环境下，时延小于10s，电池寿命超过十年。这意味着，5G有1～20Gbps的峰值速率，10～100Mbps的用户体验，1～10ms的端到端延时，1～100倍的网络能耗效率提升。简单来说，5G不仅上网速度快，还解决了延迟、大规模机器同时通信等问题。

速度方面。虽然4G比3G快10倍，但是无法满足更高标准视频内容的无卡顿播放。但5G的峰值速率为10Gbps，是4G的将近66倍。

时延方面。4G的时延约为50ms，而5G条件下，时延将低于1ms。这就意味着，系统的反应速度将比4G快50多倍。对于要求系统作出快速反应的工业场景来说，5G的时延优势将带来新变化。

联接数量方面。5G不再满足于4G条件下几千个联接的容量，而是每平方公里百万个联接数的量级。5G时代是万物互联，千亿个智能节点的时代。

基于这些能力，3GPP对5G应用场景的三大方向定义是：eMBB（移动宽带增强）、uRLLC（超高可靠超低时延通信）、

mMTC（大规模物联网，更多的称为海量机器类通信）。正在到来的物联网、人工智能都属于其中。可以预见，5G不仅仅是一次技术的升级，更是一次时代的革命，它将成为一个比4G更具颠覆性的平台，它对制造业、零售业等各行各业的重塑力度极强，并将孕育新产业、新商业模式，改变人们的未来生活和生产方式。

中国机会

世界各国都把5G作为下一代移动通信的演进方向，各大通信企业都在争抢5G时代的话语权。例如，在2013年，欧洲和韩国开始布局5G。欧盟宣布拨款5000万欧元用于5G技术的推进和发展，韩国三星则表示已经掌握了5G核心技术。日本的NTT DoCoMo电信运营商在2014年选择了同三星、诺基亚等几家厂商合作，测试一个从现有4G网络发展而来的5G网络。他们都在2020年开始5G网络的商用。在美国，Verizon移动运营商在2015年宣布在2016年要开始5G网络试用，2017年推出商用，但后来推迟到2019年。

2017年，3GPP RAN第78次全体会议正式冻结发布了5GNR首发版本。2018年6月13日，3GPP 5GNR标准SA（Stand Alone，独立组网）方案在3GPP第80次TSGRAN全体会议正式完成并发布。此时5G商用已经进入了冲刺阶段。

在过去很长时间里，中国通信领域一直在追赶世界发展的脚步。而在5G时代，中国有望第一次实现超越，不仅超越其他国家，也将超越速度、距离和时间。

早在2012年，中国就开始5G研究。2013年，工业和信息化部以及国家发改委成立了IMT-2020（5G）促进小组。据其部署，5G商用进程在经历前期标准研究、技术验证和建设之后，将在2020年之后进入商用阶段。2016年，工信部作出指示：5G是新一代移动通信技术发展的主要方向，是未来新一代信息基础设施的重要组成部分。在2016—2018年间，中国进行了5G技术的研发试验。2017年年末，发改委发布通知，要求2018年全国至少5个城市部署5G规模组网试点。2018年，中国联通公布了以SA为目标架构的5G部署。

2019年1月，国内三大电信运营商共同宣布5G正式商用，标志着中国5G进入规模建网阶段。同一时间，中国移动发布5G设备采购来源结果，其中租赁华为的基站达到了250个，其他公司分别是爱立信110个，中兴基站80个，而诺基亚和大唐基站都是30个。

2019年6月6日上午，工信部正式发放5G商用牌照，标志着中国正式进入5G时代。2020年11月，中国电信和中国移动先后宣布全球最大规模、覆盖全国所有地市和主要县城的5G SA网络商用。随后，工信部表示，中国已经开通超过70万座5G基站，终端连接数超过1.8亿。

不管是布局时间，还是建设规模，中国都走在世界前列，这为产业发展带来巨大机会。中国信息通信研究院（CAICT）发布的《5G经济社会影响白皮书》显示，预计到2030年，

华 为 技 法：

华 为 技 术 的 2 1 次 突 破

5G带动的直接经济产出和间接产出将分别达到6.3万亿元和10.6万亿元，创造800万个就业机会。预计在2030年，5G对经济增加值的直接贡献将超过2.9万亿元，对当年GDP增长的贡献率将达到5.8%，这主要来自用户购买移动互联网信息服务的支出、各垂直行业的网络设备投资和流量消费支出等。

突破9——5G大有所为

中国的5G网络建设引领全球，华为是其中的主要力量。2019年9月，华为就已经在全球签订了50多份5G商用合同，5G基站出货量达20多万站。2019年10月25日，华为获得中国首张5G基站设备的进网许可证，标志着华为5G基站可以支持中国规模部署，进入规模化扩展阶段。很快，在国内市场，华为建设的5G基站独占半边天。在全球市场，华为则有望成为5G基站最大供应商。

之前，在面对"5G只是多1G"的质疑时，华为始终坚定地认为5G最基本也是最核心的功能就是让万物互联。5G不只关注人与人之间的通信，它还要关注物的联接。如果各个产业都有物物联接的能力，它们将会爆发出大量创新性的新事物，甚至是革命性的变化。

宏大的未来图景激励华为大步前进。在技术方面，企业对整个5G系统进行全面研发和技术攻关，并在5G空口、网络架构、频谱使用、基站实现等多个领域取得了突破性进展。

第 一 章

通 信 技 术： 主 航 道 越 做 越 宽

2017年开始，华为开始5G第一个商用版本的交付工作。在2017年的杭州5·17世界电信日演示上，华为提出打造"5G第一城"。5月17日电信日当天，在5G网络支持下，无人机视频直播、AR/VR演示、远程维修、1Gbps极致体验区等项目一一呈现，向世界展现了5G的巨大魅力。

5G时代大有所为。除了更快的网速、更清晰的画面，更值得期待的是赋能其他行业后产生的变化。华为自身发展将有更大机遇，同时将给各行各业创造无限可能。可以看看华为5G与行业结合的几个例子。

西南的一个省，出产甘蔗。每次品质认证时，为了保证公平，都会邀请专家到现场测评。后来在5G技术的支持下，专家经验以视频形式上传到华为云，5G高清摄像头则收集甘蔗信息，人工智能就可以自动识别甘蔗的品质优劣。专家再也不用亲自到现场，收购商和农户的成本也大大节约。

华为与山西一家煤矿的合作也是如此。在实际工作中，为了加强管理，需要有人带班下井。由于煤矿井下条件非常复杂，且数据上传下载要求非常高，最后即使有人带班下井也并不能实时监控矿井下的情况，所以问题并没有得到解决。华为在500多米深的矿井为煤矿建了一个5G网络，放置防爆的5G设备。这样井上可以随时掌握井下情况，还可以进行高清视频通话。如此，采掘无人驾驶、运输车辆无人驾驶等都能投入井下作业，改善工人作业环境的同时，极大提高煤矿的效益。

钢铁行业也面临着类似的问题。湖南一个钢厂与华为建立了5G合作关系。钢厂的工作环境噪声大、粉尘多，而且温度高，在5G支持下，远程操作得到实现。这不仅可以帮助员工摆脱艰苦的环境，而且一个人可操纵三四台天车，大大提高了工作效率。经测算，该钢厂的生产效率提升了20%以上。

欧洲航空服务公司与华为达成合作，利用5G技术进行远程检查，提升航空维保的效率。在以前，工程师要到现场才能维修，在5G条件下，工程师通过高清的4K、8K视频就能进行实时检查，预计节省78%的成本，而且能很快速地发现问题。

第 一 章

通 信 技 术： 主 航 道 越 做 越 宽

HUAWEI

第二章

芯片技术：

需求引领，设计突破

德州仪器前董事会主席汤姆·恩吉布斯曾说过："我认为，这些人的工作改变了世界和人类的生活方式，他们是亨利·福特、托马斯·爱迪生、莱特兄弟和杰克·基尔比❶。杰克发明的芯片，不仅革新了电子工业，还改变了人们的生活。"

芯片的广泛使用使世界进入了一个全新的数字化时代。自2013年后，平均每年全球芯片生产量就达到万亿颗。在人类身边，手机、电脑、汽车、飞机，任何与电子设备有关的东西都需要芯片。今日，以云计算、物联网为支撑，小到音响、手表，大到工业生产都开始走向智能化。它们像人一样，通过学习训练，收集、加工各种信息，主动进行某种行为。而实现这一切的基础，就是芯片。

芯片已经如石油、粮食一样，成为人类生活的必需品，也成为企业，甚至国家的必争之地。掌握像芯片这样的核心基础技术，对于一个国家来说至关重要。自2000年起，中国芯片开始快速成长，不仅涌现出了像华为、联发科这样的芯片设计企业，也有着中芯国际这样中流砥柱的芯片代工企业，部分领域已取得重大突破。

全球芯片企业一直在比拼技术与速度。曾经安卓手机芯片被美国高通所统治，脱离了高通就等于无缘安卓手机市场。近年来，在时代的号召下，中国崛起了一大批优秀的企业来对抗高通的垄断。最具代表性的就是华为旗下的麒麟系列芯

---

❶ 亨利·福特通过流水线生产汽车使汽车成为大众产品；托马斯·爱迪生将电引入人类日常生活；莱特兄弟发明了飞机；杰克·基尔比发明了集成电路，也就是芯片。

片，该系列被应用于华为自身的终端产品中，是中国手机企业首次摆脱高通芯片的典范。之后，联发科也趁势而起，推出全新一代5G芯片——天玑系列芯片，并逐步应用于国内品牌手机。

不过，前方的道路依旧荆棘密布。2018年，全球芯片市场规模约为4688亿美元，中国进口芯片3120亿美元，占进口商品总额的14%，曾一度超过石油进口额。也就是说，全球生产的三分之二的芯片最终都流入中国。如此庞大的消耗量，但据估算，中国的芯片产量只占全球产量的7.9%，约370亿美元产值。从数据可以看到，在芯片制造领域，中国还要拼命追赶。

但近年来，中美贸易摩擦频繁，在芯片代工领域还是受制于人。目前，失去台积电代工的华为只能依靠中国本土企业以及本土芯片生态圈。在美方的压力下，中国每一家与芯片有关的企业，都被绑定在芯片"去美化"的发展之路上。这些企业能否崛起，关乎中国的5G未来，更关乎中国的科技未来！

第一节
芯片断供危机

华为5G技术的持续领先，让美国感到了巨大的威胁。2019年5月15日，美国站在国家高度将华为列入"实体清单"；次年9月15日，台积电正式宣布停止给华为提供芯片代工服务；10月30日，搭载麒麟9000芯片的Mate 40手机上市，消费者终端BG CEO余承东公开表示，这或将成为最后一款搭载华为高端芯片的手机。

5G并不只是网速快一点的简单提升。从某种意义上讲，5G作为一种通用技术，就好比人类早期工业革命时的电，虽然最早电的发现只是为了照明，但电最终将我们引入了电气化时代。在美国眼里，这项改变世界的关键技术只能自己掌握。为了实现这样的目的，他们不遗余力地打压遏制该领域内的领先企业——华为。

2020年9月15日，美国商务部宣布，在美国境外为华为生产芯片的厂商，只要使用了美国半导体生产设备，就需要申请许可证。这意味着，未来华为生产的每一颗芯片，都需要经过美国政府的核准。其目的就是想方设法地阻挠华为5G技术的应用。照此做法，就算华为掌握了领先技术，但是只要产业链的上游企业不给供货，技术也无的放矢。

华为不是第一个受害者，早在2018年，中兴就已经遭受过美国的制裁，被禁止购买相关的美国产品。虽然不公，但中兴也无可奈何，其主营业务一度停止。

为什么中国芯片的生产会如此被动？美国又为什么能轻易操纵全球芯片的制造？这一切还得从芯片本身说起。

芯片产业链

通常所说的芯片是指在硅板上布满由半导体材料与其他电子元件组成的集成电路，所以在大部分情况下，芯片、半导体和集成电路之间可以画等号。芯片行业的产业链主要有三个环节：芯片设计、芯片制造和生产、封装测试。

芯片设计环节又包括规格制定、逻辑设计、电路布局、布局后模拟、光罩制作。其中，规格制定是第一个步骤，也是最重要的步骤，它决定着芯片的用途，比如用于无线网络通信的芯片就要遵守IEEE标准。目前我国已经有不少芯片设计公司，如海思半导体、清华紫光展锐、中兴微电子、华大半导体等。但是就全球来看，大陆企业在整个芯片设计行业市场份额只占11%，美国企业占据53%。而且用于芯片的EDA辅助设计工具，市场占有率最大的三家公司Synopsys、Cadence、Mentor Graphics，无一例外都是美国公司。

芯片的制造环节，就是把光罩的电路图转移到晶圆上。关键流程可以概括为：薄膜、光刻、显影、蚀刻、光阻去除。整个制造过程为：先把光刻胶涂抹在硅圆基片上，然后把紫外光通过掩膜版（上面有设计好的电路图）照射在处理好的基片上，紫外光就会与光刻胶发生化学反应，然后再去除曝光区或者未曝光区域的光刻胶，电路图就留在基片上了。

在整个过程中有两点极为重要，一是光刻机，二是光刻胶。光刻机决定着芯片制程大小，芯片制程大小是指芯片中电路线最小可以做到多大尺寸。面积一定，电路线越细，芯片容纳的电晶体就越多，处理器效率越高，耗电量更低，更容易装配到设备中。要把制程做小，就需要高端的光刻机。全球能够生产高端光刻机的企业只有3家：荷兰ASML、日本Nikon和Canon。制程能够到14nm以下的，仅荷兰ASML一家。国产光刻机目前只能达到90nm。而全球主要的芯片代

第二章

芯 片 技 术： 需 求 引 领，设 计 突 破

工厂中，台积电已经计划建立7nm生产线。我国主要代工企业由于无法购买到高端光刻机，所以生产线只能停留在中低端产品制造，比如中芯国际目前主要生产线为28nm的制程产品。

除了光刻机之外，光刻胶的核心技术也仅掌握在少数国家和地区手中。目前光刻胶的生产几乎被日本合成橡胶（JSR）、东京应化（TOK）、住友化学、美国杜邦、中国台湾长兴等企业垄断。

封装测试环节作为芯片产业链中劳动密集型行业，技术含量较低，是我国发展较好的产业环节。

除了这三大环节外，芯片行业的人才问题也十分突出。《中国集成电路产业人才白皮书（2017—2018）》指出，到2020年前后，我国集成电路行业人才需求规模约72万人左右，而现有人才存量40万人，人才缺口将达32万人。而且人才流失问题十分严重，上海市集成电路行业协会秘书长徐伟指出，每年集成电路专业的毕业生人数在20万左右，但是只有不足3万人进入集成电路行业。单纯依托高校培养和输送人才无法满足产业对人才的需求。大幅提升集成电路专业的招生人数已经迫在眉睫。

所以，从整个产业链环境来看，除了封装测试，其他环节都卡住了我国高科技企业的咽喉。华为面临的困局是整个中国科技界的困局，要完全脱困并非一朝一夕。而当下，华为面临的最主要和最直接的问题是，台积电、三星、高通、海力士、联发科、英特尔等芯片代工企业受禁令影响，无法再继续为其生产芯片。

华为在战略和战术两个层面展开了自救。首先在战略层面加大自主研发力度，这主要是依靠华为海思来完成。在本章的后两节我们将详细讲述海思"备胎"转正的艰辛历程。其二，加大对国内芯片产业链企业投资，帮助更多初创型芯片企业发展，形成国内芯片生态联盟。2019年4月，华为成立了哈勃科技投资有限公司（以下简称哈勃投资），专门负责投资国产芯片企业。截至2021年3月，哈勃投资29家企业，其中28家与芯片相关。具体投资情况如表一所示。

在战术层面，华为利用禁令生效前的短暂间隙疯狂囤货。2019年华为共囤积1674亿元左右的芯片及关键零部件物资，囤积物资金额几乎占到了2019年营收的五分之一。而到了2020年第一季度，这一数字上升至1882亿元。华为囤积的芯片产品据预测能够满足未来1～2年的生产需要。在囤货的同时，华为也拿出了壮士断腕的魄力，不仅开始减少手机的出货量，而且在2020年11月剥离荣耀业务。其举动不可谓不悲壮。

一颗"芯"的价值

任正非在接受彭博社采访时曾说过这样一句话："两三年以后，你可以再来采访我们，看看华为还在不在。如果两三年后，我们就不在了，那你就带一朵鲜花放在我们的坟墓

第 二 章

芯 片 技 术： 需求引领，设计突破

表一　哈勃投资案例汇总

序号	项目名称	业务	地区	投资轮次	投资时间	国别	企业简介
1	颖力土木	土木工程服务商	广东省	战略融资	2021.2.26	国内	广州颖力土木科技有限公司成立于2018年4月，是一家土木工程服务商
2	本诺电子	电子级粘合剂产品解决方案提供商	上海市	战略融资	2021.2.24	国内	本诺电子是专业提供电子级粘合剂产品和解决方案的生产商，产品广泛应用于电子组装和半导体封装领域，隶属于上海本诺电子材料有限公司，该公司研发的ExBond芯片粘贴胶和电子组装胶已经广泛地应用于电子封装市场。无论是产品性能还是产品稳定性，均有上佳表现
3	无锡飞谱电子	工业设计与仿真分析软件研发商	江苏省	战略融资	2021.2.7	国内	无锡飞谱电子信息技术有限公司是一家专注于工业设计与仿真分析软件研发的企业，公司基于电磁场仿真核心算法的领先技术，所开发的专业软件工具能够为芯片设计与制造、高速封装与集成、天线设计与布局、雷达隐身与探测等产品开发提供快速和先进的分析验证及解决方案，产品广泛应用于集成电路、通信系统、国防航空、汽车电子等工业领域

华为技法：

华为技术的21次突破

084

序号	项目名称	业务	地区	投资轮次	投资时间	国别	企业简介
4	锦艺新材	无机非金属粉体新材料研发商	江苏省	战略融资	2021.1.26	国内	苏州锦艺新材料科技有限公司是锦艺集团于2005年创立，致力于提供高端无机非金属粉体新材料应用解决方案，是一家集研发、生产、销售、技术服务为一体的国家级高新技术企业
5	粒界科技	计算机图形学及计算机视觉技术开发商	上海市	战略融资	2021.1.15	国内	粒界科技是一家以实时图形和视觉技术为基础，通过影视动漫和智慧城市业务作为前期商业突破点，为物理世界数字化提供核心动力，致力于通过自研的实时图形视觉技术，解决智慧城市、工业生产和影视动漫等领域数据采集、可视化和互动等问题
6	九同方微电子	IC设计服务的国际化软件服务商	湖北省	战略融资	2020.12.26	国内	湖北九同方微电子成立于2011年，是一家专注于IC设计服务的国际化软件公司。公司拥有全球EDA领域资深架构师和领先的IC设计专家，核心团队能够提供完整的IC流程设计工具，在IC设计领域，具有强劲地的实力。在集成电路、RFIC、高速互连SI、手机等领域，都有成功的应用

第二章

芯片技术：需求引领，设计突破

085

序号	项目名称	业务	地区	投资轮次	投资时间	国别	企业简介
7	鑫耀半导体	半导体材料服务商	云南省	战略融资	2020.12.11	国内	云南鑫耀半导体材料公司立志于成为质量稳定产品可靠的Ⅲ-Ⅴ族半导体材料生产企业。目前负责在云南国家砷镓材料基地建成一条年产砷化镓抛光片30万片4英寸[①]（或12万片6英寸）的单晶材料生产线以及一条年产5万片磷化铟衬底生产线
8	瀚天天成	碳化硅外延晶片研发商	福建省	战略融资	2020.12.1	国内	瀚天天成电子科技（厦门）有限公司是一家集研发、生产、销售碳化硅外延晶片的中美合资高新技术企业。公司于2011年3月在厦门火炬高新区（翔安）产业区建成现代化生产厂房，已正式成立，已在厦门火炬高新区（翔安）产业区建成现代化生产厂房，含百级超净车间、检测、动力及辅助设施等。公司引进德国Aixtron公司制造的全球先进的碳化硅外延晶片生长炉和各种进口高端检测设备，形成了完整的碳化硅外延晶片生产线。公司已获ISO 9001、ISO 14001、OHSAS 18001管理体系认证证书

华 为 技 法 ：

华 为 技 术 的 21 次 突 破

序号	项目名称	业务	地区	投资轮次	投资时间	国别	企业简介
9	中蓝电子	摄像头制造商	辽宁省	股权融资	2020.11.26	国内	辽宁中蓝电子科技有限公司主要定位于移动设备用超小型自动变焦马达和镜头的设计开发、生产制造与市场营销，是一家具有自主知识产权的高新技术民营企业
10	全芯微电子	半导体装备及工艺解决方案提供商	浙江省	战略融资	2020.11.24	国内	宁波全芯微电子设备有限公司专注于新型电子器件生产设备的研发、设计、销售及售后服务。全芯公司与中国台湾、韩国多家知名公司合作，可提供整线设备解决方案和电子科技领域内的技术咨询服务。广泛服务于化合物半导体、LED、SAW、OLED、光通信、MEMS、先进封装等新型电子器件制造领域
11	昂瑞微	射频前端芯片和射频SoC芯片供应商	北京市	战略融资	2020.10.30	国内	北京昂瑞微电子技术有限公司是中国领先的射频前端芯片和射频SoC芯片的供应商，专注于射频/模拟集成电路和SoC系统集成电路的开发，以及应用解决方案的研发和推广

第二章

芯 片 技 术： 需求引领，设计突破

序号	项目名称	业务	地区	投资轮次	投资时间	国别	企业简介
12	源杰半导体	半导体芯片研发生产商	陕西省	战略融资	2020.9.30	国内	陕西源杰半导体技术有限公司成立于2013年12月，是一家专业从事高速通讯用半导体芯片研发、生产、销售的高科技创新型企业，目前公司主要产品是互联网、4G-LTE、数据中心硬件中必不可少的核心器件之一
13	芯视界微电子	芯片解决方案提供商	江苏省	战略融资	2020.9.28	国内	南京芯视界微电子科技有限公司拥有先进的光电转换器件和单电光子检测成像技术，主营固态激光雷达芯片、大数据系统解决方案，在专业技术上覆盖了光电转换器件设计、单光子检测成像、超高速电互联传输、半导体电路芯片设计等各个领域
14	中科飞测	封装检测设备提供商	广东省	股权融资	2020.9.25	国内	深圳中科飞测科技有限公司是与中科院微电子研究所深入合作、自主研发和生产工业智能检测装备的高科技创新企业，检测技术在行业处于国际前沿地位，检测设备在高端市场实现设备的国产化。公司产品拥有完整的自主

华 为 技 法：

华 为 技 术 的 2 1 次 突 破

序号	项目名称	业务	地区	投资轮次	投资时间	国别	企业简介
14	中科飞测	封装检测设备提供商	广东省	股权融资	2020.9.25	国内	知识产权，最具代表性的产品和服务有：微纳三维形貌测量系统Cypress系列，厚度和形貌测量系统Cypress-T系列，表面缺陷检测系统Spruce系列，智能视觉检测系统Birch系列，以及正在研发中的工业制造三坐标检测设备Pine，其中Cypress和Spruce两款产品已经投入国内多家旗舰型大客户使用
15	新共识	计算机软件研发商	浙江省	战略融资	2020.9.2	国内	新共识（杭州）科技有限公司创建于2018年，公司位于浙江省杭州市，主要在软件和信息技术服务业领域进行经营
16	思特威	CMOS图像传感器芯片供应商	上海市	战略融资	2020.8.6	国内	思特威是CMOS图像传感器芯片供应商，主要产品是高性能CMOS安防监控图像传感器芯片，可应用在安防监控、机器视觉、汽车影像、手机等领域
17	东微半导体	半导体技术研发及生产制造商	江苏省	战略融资	2020.7.10	国内	东微半导体成立于2008年，是一家技术驱动型的半导体技术公司，也是国内仅有的极少数以原创半导体晶体管结构为核心技术的公司。公司产品有高压GreenMOS、中低压SFGMOS

第二章

芯片技术：需求引领，设计突破

序号	项目名称	业务	地区	投资轮次	投资时间	国别	企业简介
18	富烯科技	石墨烯导热膜研发商	江苏省	战略融资	2020.6.18	国内	富烯科技是一家石墨烯导热膜研发商，以石墨烯为原料，采用多层石墨烯堆叠而成的高定向导热膜，具有机械性能好、导热系数高等特点，旗下产品涵盖石墨烯导热膜、石墨烯导热片、石墨烯泡沫膜等，应用于电子、航空航天、医疗等行业
19	纵慧芯光	光电半导体研发商	江苏省	战略融资	2020.6.11	国内	纵慧芯光（Vertilite）成立于2015年，是一家创新型的光电半导体企业，致力于为全球客户提供高功率以及高频率VCSEL解决方案，主要研发生产VCSEL芯片、器件及模组等产品。公司总部位于佳谷核心区域的森尼维尔市，上海纵慧光电科技有限公司是中国区子公司
20	新港海岸	高速传输芯片研发商	北京市	战略融资	2020.4.3	国内	新港海岸（北京）科技有限公司是一家专注于高速输传芯片的Fabless芯片设计公司。公司致力于凭借高端技术积累，以精益求精的文化，提供可靠性高，性价比优秀的集成电路产品及解决方案，为客户创造价值达到

华 为 技 法：

华 为 技 术 的 2 1 次 突 破

序号	项目名称	业务	地区	投资轮次	投资时间	国别	企业简介
20	新港海岸	高速传输芯片研发商	北京市	战略融资	2020.4.3	国内	双赢。公司主要产品包括中高端超高清显示芯片、企业级光通信芯片两条产品线,已推出的每款产品都在各自领域有突出的性能优势,为多家客户所采用
21	庆虹电子	连接器产销商	江苏省	战略融资	2020.1.19	国内	庆虹电子是一家专业致力于连接器产品的企业,公司集产品研发、生产、销售于一体,主要产品有工业用连接器。产品适用于通信网络、计算机、服务器、通信交换机等领域
22	好达电子	声表面波器件制造商	江苏省	战略融资	2020.1.10	国内	好达电子是一家声表面波器件制造商,主要产品包括声表面波滤波器、双工器、谐振器,应用于手机、通信基站、LTE模块、物联网、车联网、智能家居及其他射频通信领域
23	鲲游光电	晶圆级光芯片生产商	上海市	Pre-B轮	2019.12.19	国内	鲲游光电是专注于晶圆级光学的高科技企业,总部位于中国上海。鲲游光电专注"光芯片"层级,做精做深以下三类产品系列:3D传感微纳光学元件、全息光栅AR光波导、光通信高速光链路

第 二 章

芯 片 技 术： 需求引领，设计突破

序号	项目名称	业务	地区	投资轮次	投资时间	国别	企业简介
24	裕太车通	车载核心通信芯片研发商	江苏省	战略融资	2019.10.28	国内	裕太车通是注册在苏州高新科技园,在苏州和上海都有研发中心的初创高科技企业。裕太车通是一家车载核心通信芯片研发商,专注于车载以太网芯片研发,其产品在参数和功能上逐步超越国外同类芯片
25	天科合达	第三代半导体碳化硅晶片研发生产商	北京市	定向增发	2019.10.8	国内	天科合达是一家主要从事第三代半导体碳化硅晶片的研发、生产和销售的高新技术企业。天科合达针对微电子、光电子等市场需要,重点开发了第三代半导体碳化硅晶体生长及加工技术,主要产品为导电型碳化硅晶体及晶片、半绝缘型碳化硅晶体及晶片
26	深思考人工智能	类脑人工智能与深度学习核心科技公司	北京市	战略融资	2019.9.23	国内	深思考人工智能(iDeepWise)是一家专注于类脑人工智能与深度学习核心技术的AI公司。核心团队由来自中科院、清华的一线AI科学家与领域业务专家组成,公司最突出的技术是"多模态深度语义理解引擎"(iDeepWise.ai)技术,该引擎技术可

华 为 技 法:

华 为 技 术 的 21 次 突 破

序号	项目名称	业务	地区	投资轮次	投资时间	国别	企业简介
26	深思考人工智能	类脑人工智能与深度学习核心科技公司	北京市	战略融资	2019.9.23	国内	同时理解文本、视觉图像等模态，其中，自由文本的深度语义、对结构化数据背后的深度语义、对长文本的机器人阅读理解技术，对多种模态信息的多轮语义理解技术是深思考最擅长的技术优势，在人工智能语义理解领域处于行业内引领地位。目前主要落地于智能汽车、智能手机、智能家居、智慧医疗健康等应用场景，并且在不断规模化扩展落地中。"多模态深度语义理解"三项排名第一的核心技术：1.文本自然语言理解与人机对话能力（CCF-2019机器人机阅读理解大赛全球冠军、中文语义理解与人机交互领域最高水平赛事SMP-ECDT；蝉联2017、2018两届全国冠军、2018世界人工智能创

第二章

芯片技术： 需求引领，设计突破

序号	项目名称	业务	地区	投资轮次	投资时间	国别	企业简介
26	深思考人工智能	类脑人工智能与深度学习核心科技公司	北京市	战略融资	2019.9.23	国内	新大赛"人机交互创新应用赛"冠军，2018机器阅读理解大赛世界排名TOP1）；2. 视觉深度语义理解能力（细胞分类精度NIH高1%，2017 Kaggle-NIPS全球精准医学领域竞赛中国内地第一名，2018 AIIA医学人工智能大赛全国冠军）；3. 深度学习专用处理器M-DPU，全球首款深度医疗专用处理器深度学习处理器S-DPU。公司目前拥有百余项知识产权，其中内核级创新发明专利32项，国际国内奖项19项等
27	杰华特	功率管理芯片研发商	浙江省	战略融资	2019.8.27	国内	杭州杰华特致力于功率管理芯片的研究，为电力、通信、电动汽车等行业用户提供众多先进、可靠、系统的解决方案与产品服务，目前公司拥有电池管理、LED照明、DC/DC转换器等产品

序号	项目名称	业务	地区	投资轮次	投资时间	国别	企业简介
28	山东天岳	半导体碳化硅材料制造商	山东省	A轮	2019.8.26	国内	山东天岳是一家半导体碳化硅材料制造商,主要产品有4H-导电型碳化硅衬底材料、6英寸导电型碳化硅衬底材料、4英寸高纯半绝缘型碳化硅衬底材料等,产品具有耐高压耐高频特点,可广泛应用于大功率高频电子器件、半导体发光二极管、通信、物流网等领域
29	思瑞浦	集成芯片研发生产商	江苏省	定向增发	2019.7.4	国内	思瑞浦专注于高速、高精度、低功耗、超低噪声模拟芯片和系统产品,拥有自主知识产权并持续创新,致力于为市场、客户提供高性能、高可靠性、具有更佳性价比的模拟芯片,产品涵盖工业领域、医疗设备、汽车电子、通信系统和信息安全等多种应用领域

① 1英寸＝0.0254米

第二章

芯片技术：需求引领,设计突破

095

上。"一颗指甲盖大小的芯片背后,究竟凝聚了多少技术,又隐藏着多少价值?台积电的断供为什么会对华为造成毁灭性的打击?

在电子产品领域有一句话是"买新不买旧",这其中的"新"和"旧"主要体现在芯片之上,这导致芯片产业边际效率明显。具体来说,芯片技术越先进,卖出的数量就越多,每颗芯片的研发成本也随之降低,产品售价也会越低,而落后的芯片反之。好的产品比差的产品还便宜,那么差的产品在市场中自然颗粒无收,大有"赢家通吃"之感。所以半导体产业的前期投入极大,除了几大巨头有能力不断投入外,小企业根本无力前进。因此,半导体芯片行业生产主要以垂直分工模式为主,这种模式按生产流程将企业划分为两种:第一种是无晶圆厂(Fabless Semiconductor Company),以华为为代表,只进行芯片的电路设计与市场销售;第二种是晶圆代工厂(Foundry),这种模式专门负责半导体芯片的制造、封装和测试,以台积电为代表。在全球,两种企业分工合作,共同生产芯片。

还有一种是水平分工模式,也就是一体化生产模式(Integrated Device Manufacture),这种模式集芯片设计、制造、封装、测试于一身,常见于半导体芯片行业初期。但是这种模式往往规模庞大,运营管理上成本较高,英特尔曾为此付出了惨痛的代价。

近十年来,中国智能终端制造产业发展迅猛,这得益于国外企业在核心技术上予以支持。但这也为未来埋下了隐患,建立在他人地基之上的摩天大楼，一旦被抽掉地基，大楼也会随之坍塌。芯片代工就像在指尖上造城市，不是简单地招流水线工人进行培训就能做到的。受限于此，华为虽然已经掌握芯片设计能力，但要造出芯片，还要依赖其他芯片代工公司。

全球知名的芯片代工公司包括台积电、三星、格芯等。其中台积电拥有超过市场一半的份额，是华为一直以来的供应商。然而，在升级芯片限制计划之后，美国宣布企业只要使用美国的技术和硬件，就必须停止和华为合作。

对于华为这个超级大客户，台积电虽然不愿放弃，但因为核心组装设备光刻机被阿斯麦控制，也只能被迫妥协。好在从美国宣布禁令到禁令具体实施有120天的缓冲期，在这期间，华为向台积电紧急追加订单，希望能在寒冬来临时留点存货。台积电也积极配合华为，和高通、苹果协商，让出部分生产线为华为供货。华为虽然在短时间内囤积了一大批芯片作为应急措施，但这并不是长久之计。

这时中芯国际出现在了众人视野之内。中芯国际和台积电一样，也是一家晶圆代工企业，拥有目前大陆最强的晶圆代工技术。但即使这样，仍然与台积电存在很大的差距。用户对芯片的共同诉求之一是越小越好。在产品不断演进的过程中，许多代工企业都倒在了这条路上。

2001年还是130nm制程工艺的芯片，到2004年就缩小到90nm，再到2012年缩小到22nm。在这个发展阶段，芯片对技术要求还没有那么高，晶圆代工企业只要足够努力，就可以实现。当制程工艺进入14nm时，和台积电互争全球市场的

第 二 章

芯 片 技 术： 需 求 引 领，设 计 突 破

联电（台湾联华电子）无奈止步；到了10nm时，曾在芯片制程绝对垄断的英特尔也开始陨落；而为美国军方和太空工业提供代工的格芯（格罗方德半导体股份有限公司）倒在了7nm。2020年，在5nm工艺"比拼"中，全球能做到的只剩三星和台积电，其中三星也只是首发，还要不断改良才能量产。

所以截至2020年，只有台积电掌握了全世界最先进的芯片制造工艺，在7nm的基础上朝5nm技术前行。而中芯国际在2019年才掌握14nm的工艺，目标开发12nm的工艺，比世界水平整整落后三代。根据高盛研究报告做出的推测，预计在2025年，中芯国际才能实现5nm工艺生产。也就是说，中国在芯片研发方面，至少已经落后五年之久。

芯片行业属于技术密集型行业，注定其研发需要大量投资。就目前来讲，一个7nm的工艺生产线，造价就在100亿美元之上，而且更新迭代极快，折旧非常严重。其次，芯片行业是规模经济，边际成本递减的特点非常明显，这就导致先进的芯片在售价方面很可能比落后的芯片更便宜。在芯片行业，如果想盈利，一定要保证最先进的代工技术。此时，华为，或者是整个中国芯片的研发，陷入被动状态。

跌宕起伏五十年

1955年6月，美国宾夕法尼亚大学诞生了建校215年以来第一位女博士，也是第一位获得博士学位的中国人——林兰英。在校期间，林兰英敏锐地感知到半导体领域的巨大前景，便开始了对半导体材料的研究。博士毕业后，她进入一家名叫索菲亚的公司，并成功制造出了第一根硅单晶。老板提出以年薪一万美元聘请她，但她决定回到大洋彼岸的中国，把自己学到的技术用于祖国建设中。

1956年，"向科学进军"的号召随时代孕育而生。半导体技术、通信广播系统、无线电电子学研究应用等多项技术被列为国家重要的科学技术项目。林兰英也在此时回到了中国，和她一同回来的，还有她行李中的500克锗单晶和100克硅单晶。通过这些半导体材料，林兰英制出了中国第一个拉制硅单晶，中国成为继美国、苏联后，第三个可以自己拉制硅单晶的国家。1960年，中科院半导体所和河北半导体所正式成立，标志着我国半导体工业体系初步建成。1965年，中国第一块集成电路问世。同年，65型接触式光刻机研发成功，而荷兰ASML公司在五年后，也就是1970年才初具雏形。

在林兰英的带领下，中国半导体技术一跃进入世界领先水平。但之后，中国迎来了"十年动乱"，一切科学研发被迫叫停，中国半导体技术停止了前进的步伐，与世界技术交流的道路也随即被切断。

此时，全球半导体产业正在轰轰烈烈地进行着。美国的罗伯特·诺伊斯（Robert Norton Noyce）和戈登·摩尔（Gordon Moore）在硅谷创办了举世闻名的英特尔，如火如荼地开展半导体技术的研发；中国台湾、韩国也在此时加紧从美国引进半导体技术；日本从战后创伤中觉醒，确立"电子立国"的

第 二 章

芯 片 技 术： 需 求 引 领，设 计 突 破

国策，培养出索尼、东芝、松下等一批这样的企业。

1978 年，"科学的春天"来临。随着中国科技事业开始复苏，林兰英也恢复了工作。1981 年，林兰英与团队合作完成 4 千位、16 千位大规模集成电路——硅栅 MOS 随机存储器。但科技的更迭不会停下来等中国，这十年的停滞使中国无力追赶科技前进的速度。摩尔在创办英特尔时，曾提出了半导体产业著名的摩尔定律：当价格不变时，集成电路上可容纳的晶体管数目，约每隔 18 个月便会增加一倍，性能也将提升两倍。这句话在 2020 年看来可能稍显偏颇，但在当时来说绝对是不移至理。

在计划经济的限制下，由于缺乏对市场需求的认知，中国半导体仍不见起色。很长一段时间内，中国对于半导体产业存在严重的认知错误，想当然地认为可以集中力量，在短时间内取得突破性成绩。而当时全国所有半导体生产工厂的年产量，仅是一家日本企业月产量的十分之一。

在中国半导体芯片产业举步维艰之时，韩国半导体产业却迎来了一个转折点，史称"汉江奇迹"。1975 年，韩国政府正式发布六年计划，扶持半导体产业，强调半导体生产本土化。时任三星集团董事长的李秉哲和他的儿子李健熙自掏腰包出资入股 Hankook 半导体公司，开始走向崛起之路。

到 20 世纪 80 年代，国家计委为了让老百姓有彩电看，给坐落在江苏无锡的江南无线电器材厂下发任务，要求其引入日本东芝的集成电路技术，生产相应数量的芯片。在江南无

华 为 技 法：

华 为 技 术 的 2 1 次 突 破

线电器材厂的引领下，国内掀起了一场"芯片热"。但为了短期效益，大多数企业放弃了高投入的芯片本土化生产，纷纷选择进口芯片，中国芯片依然前进缓慢。

1987年，时任德州仪器公司资深副总裁的张忠谋辞去美国工作，回到中国台湾创立了一家名为台湾积体电路制造股份有限公司，就是之后为华为提供晶圆代工的台积电。

1988年，我国集成电路产量达到1亿块，标志着我国开始进入芯片工业化大生产，这个时间与美国相比晚了22年，比日本晚了20年。从1965年的第一块集成电路算起，中国走了整整23年。

20世纪90年代，中国终于意识到自研芯片的重要性，启动"908工程"，由无锡华晶电子作为承担主体，计划投资20亿元，用于集成电路研发。但是908工程依然有明显的计划色彩，经费审批就花了两年，从美国引进生产线又花了三年，加上建厂两年，前前后后共花了七年时间。进度的拖延进一步拉大了中国和世界芯片技术之间的差距。尽管华晶在1993年生产出第一块国产256K存储芯片，但依然不能改变它投产即落后的事实。相同的技术，华晶和三星相比晚了近10年。

1995年，国家领导人在参观三星工厂之后，痛定思痛，立即启动"909"工程，计划投资100亿，建成集成电路生产线，立志一定要在芯片自研这方面追上去。这是中国电子工业史上投资规模最大、技术最先进的国家项目。虽然"909"工程摆脱了计划经济的束缚，但是由于起步太晚，也没能实现技术上的突破。整个90年代，中国芯片产业一度低迷。反

第 二 章

芯 片 技 术： 需求引领，设计突破

观三星，一路高歌猛进，攻城略地。日本的NEC、东芝、日立、富士通和三菱不敌三星，纷纷没落。

就在这样的背景下，华为迈出了自研芯片的第一步。

第二节　华为第一块芯片问世

在中国芯片发展一片混沌之时，华为打着"中华有为"的旗号开始露出头角。20世纪90年代初，当众多企业纷纷涌入交换机市场之后，华为认为，必须通过自己的核心优势取得市场主动权，于是将目光瞄准了芯片自主研发。1991年，华为成立集成电路研究中心，专注于交换机芯片的研发。同年，SD502作为华为第一颗芯片被成功研制；两年后，芯片SD509也顺利产出。在两款芯片的加持下，华为在交换机市场成功站稳脚跟。

研发带来的成功让任正非开始意识到，只有体系化、规范化的研发，才能保证成功的可复制性。所以在1995年，华为成立了中央研究部，针对不同领域下设不同部门，这其中就包括芯片自主化研究的基础研究院。在无知中摸索，在黑暗中前进。华为在学习中认识技术，实战中积累经验，芯片研发能力从"小白"走向成熟，并获得和传统大牌企业叫板的能力。

到2004年，经历了思科有关知识产权的官司之后，华为

华 为 技 法：

华 为 技 术 的 2 1 次 突 破

102

更加坚定了核心技术自主研发的信念。于是将芯片研发作为一个单独项目从华为分离出去，成立全资子公司海思半导体，标志着华为开启了系统性、规模化的芯片研发道路。

突破10——迈出芯片研发第一步

20世纪90年代，刚成立不久的华为进入通信交换机行业，做起了代理业务。但随着大批公司涌入交换机市场，任正非意识到如果产品不能脱颖而出，势必会被淹没在茫茫通信市场，自研交换机势在必行。

交换机的主要作用是连接不同的用户，其中起关键作用的部件是用户板。在用户板上与接口控制和音频编解码有关的芯片用量巨大，如果不在这里做出革新，在市场竞争中能做的就只有价格战。为提升竞争力，华为决定自主研发ASIC（Application Specific Integrated Circuit，专用集成电路）芯片。

ASIC芯片是供专门应用的集成电路芯片，可以依据用户产品要求和特定电子系统的需要而设计、制造。它的特点就是访问效率高，适合同时进行多点访问，并且性能扩展方便，不易受CPU、总线以及内存技术的限制。从某种方面来看，ASIC芯片几乎完美契合交换设备。所以当时绝大部分交换机设备都选择这种技术用于交换机多功能接口控制。

华为选择自研ASIC芯片，还有一个原因就是ASIC芯片不需要IP和通用指令集，属于相对基础的集成电路，研发也较为容易。不过，当时的华为一没技术，二没资金，想要自主研发也并非一件易事。这个时候，一个叫徐文伟的硬件工程师从亿利达跳槽来到了华为，为华为芯片的研发注入了全新的力量。

1991年，任正非成立了集成电路设计中心，让徐文伟主持开发可用于用户交换机的ASIC芯片。自此，华为迈出了芯片自研的第一步。

因为技术限制，华为芯片的研发主要停留在方案设计上。通过PAL 16可编程器件，设计自己需要的电路，之后再进行实际验证，确保电路可实施。这是当时华为在芯片研发上所能做的全部。设计方案完成后，则委托香港具有EDA能力的公司，将电路设计成ASIC芯片，再交由美国半导体公司德州仪器进行流片生产。照此流程，华为需要和国内外企业多方合作才能造出一块芯片，不仅要经历烦琐的流程，还要花费高额的代工费用。当时外汇管制严，外汇额度极度稀缺，即使有钱也不能随便向国外公司输出。严峻的条件使得华为没有试错的机会，ASIC芯片研发绝对不能在方案设计过程中出现纰漏。

为此，工程师夜以继日地埋头苦干，力求把电路失误率降至零。华为那时刚成立不久，研发条件极为困难，所有人吃、住、工作都在一间房里，累了就睡，睡醒了继续干已成为常态。为了犒劳大家，任正非经常在晚上提着许多水果、糕点来慰问工程师。

在大家齐心协力下，1991年，华为第一颗具有自主知识产权的ASIC诞生，徐文伟给它取名字叫"SD502"。S代表"Semiconductor（半导体）"，D代表"Digit（数字）"。

虽然华为第一次涉足芯片自研就取得了成功，但每当回想起这件事时，参与研发的人都不禁后怕：如果SD502流片❶失败，不仅产品丧失差异化竞争力，卷入无休止的价格战中；另一方面，新产品研发需要大量美元去购买进口器件和设备，资金压力巨大。

SD502的成功研制，为华为在芯片研制的路上开了一个好头，芯片很快被用于华为最新的交换机设备JK1000上。但是，由于对市场错误的认知，JK1000在研发成功初期就面临被市场淘汰的局面，华为一度陷入危机。

在这危急的关头，任正非依然没有放弃自主研发，选择将华为的未来寄托在下一款局用程控式数字交换机C&C08之上。C&C08交换机作为局用交换机，一个设备上至少要连接上千个用户，是之前交换机的几十倍。为了让成千上万的用户之间实现两两通话，设备系统需要大量的逻辑运算。如果继续使用SD502芯片，要实现万门网络交换至少需要十几个两米高端机柜来布置电路板。为了缩小设备体积并降低成本，

---

❶ 流片是指在芯片批量投入生产前，通过流水线方式检验每一个工艺步骤是否可行，检验电路是否具备所需的性能和功能。如果流片成功，就可以大规模地制造芯片；反之，就需要找出其中的原因，并进行相应的优化设计。

第 二 章

芯 片 技 术： 需 求 引 领， 设 计 突 破

华为再度将目光投向了"小低轻"的芯片研发。

此时，华为"挖"到一个重要人物——当时在无锡华晶中央研究所从事芯片设计的李征。李征曾因为国家集成电路908工程被派去美国学习西方EDA的使用和芯片设计，有着极为丰富的芯片设计经验。他在此时加入华为，对于任正非来说犹如天降神兵。

正所谓"好马配好鞍"，有了李征的加入，芯片的研发设备也要跟上。之前华为内部没有EDA设备，也没有会使用EDA的人才，所以只能参与集成电路的设计，将芯片设计外包给香港公司。现在有了关键人才，再引进一批EDA设备，不仅能减少外部生产流程，还能大大增加华为对芯片的掌握。

实际上，1993年前后，华为现金流出现危机，员工工资都很难发出，但任正非还是毅然决然地东拼西凑了十几万美元，从国外买来一套EDA设计软件，派李征负责自主研发芯片。

经过研发人员夜以继日的开发和验证，不到一年时间内，第一颗用华为的EDA设计的ASIC芯片——SD509问世。通过自主研发，华为成功将原先十几个机柜浓缩进几个拇指大的芯片之中。

C&C08数字程控交换机在1994年推出后，基于SD509的成本优势，价格比同类产品少一半，显著的价格优势助其迅速占领农村市场。而C&C08万门机的优异表现，又使得华为成功突破市话市场，实现农村包围城市。据资料显示，C&C08在发售当年销售额就达8亿元，次年实现翻番，达到

15亿元。到2003年，以累计销售额达千亿元的成绩，成为全球销售量最大的交换机产品。

在黑暗中摸索

　　SD502和SD509芯片的成功研制，使得华为在交换机设备拔得头筹，华为也由商贸公司成功转型为科技公司。

　　研发变得愈加重要。1995年3月，郑宝用对华为研发团队进行了统一规划管理，成立中央研究部，结束了之前一股脑儿的研发模式。中研部下设基础研究部、交换机业务部、智能业务部、无线业务部和新业务部这五大研究方向，其中后四个都是面向产品的研发，而基础研究部则是面向这四个部门做芯片的自主化设计。首任基础研究部的总经理是华为最早参与芯片设计的叶青。

　　基础研究部刚建立的那段时间，部门内绝大多数人都没有做过芯片设计，更别说芯片投产的实战经历。华为只能摸着石头过河，通过理论知识的学习，结合实际研发，一步一步地在黑暗中前行。

　　孙洪军是毕业于南京大学的研究生，对芯片设计一窍不通的他加入华为基础研究部后，开始了他的芯片学习之旅。没有任何的经验，也没有相关的基础知识，孙洪军只能从已有的芯片入手，一手芯片，一手原理图，一点点地分析琢磨，有不会的问题就到处找人请教。这样过了三个月，他对芯片有了基本认识，已经可以通过仿真软件将芯片设计的电路模拟出来。

之后，孙洪军参与到一款语音编解码芯片的制作中。他阅读了大量有关的中英文资料，学习芯片领域的领头厂商如何阐述芯片的工作原理。他甚至对照原理图，挨个查找关于加法器、移位运算、ALU的结构等理论释义。三个月后，他和他的团队就突破了国际上最为领先的算法。

就这样在理论和实践之中，基础研究部人员养成了精益求精的研发态度。他们不满足于掌握已有技术，又向更高的山头进发。如何把芯片技术产业化、把芯片做精成为他们新的目标。通过团队合作，1997年，基础研究部的一款芯片正式投产。该芯片的面积只有朗讯公司同类产品的一半大小，功能、性能等指标与之相当。这就意味着，华为用户电路板集成度大幅提高，并节省了大量成本。

通过学习，华为一路成长。从一无所知，到实战经验积累、熟悉研发流程和系统应用，再到成功设计芯片，去挑战其他通信巨头。这期间有的项目虽然成功了，却没有能够量产；当然，也有不少投入规模化生产的芯片。

芯片投片❶的风险极高，对资金和技术都是挑战，一个细微的错误就会让投片失败。但华为并没有因此而限制研发人员，反而给予他们极高的自由度。在放心试错且不用担责的研发环境中，年轻的华为基础研究部迅速成长，在芯片设计领域取得显著进步。

---

❶ 投片，即将芯片投入生产。

差点被卖掉的海思

中研部成立之后，华为一路高歌猛进，成为当时中国最大的芯片设计公司，旗下的SA系列、SD系列等数十种芯片，涵盖交换机、通信基站等多个领域。

2000年有一家公司提出以100亿美元的价格，收购华为的集成电路设计中心。100亿美元对于华为来说并不是一个小数目，要知道1999年华为一年的销售额才15亿美元。100亿美元甚至超过华为从创立之初到2000年这13年间所有利润的总和。面对如此丰厚的利益，务实的任正非再三思忖，决定答应对方的报价，把集成电路设计中心卖给对方。

但就在交易当天，一场变故导致交易未能成功。据任正非回忆："这个合同全部签订了，所有手续都办完了，就等对方董事会批准。我们穿上花衣服，在沙滩上跑步、打球等着批准。这个时候美国公司的董事会换届了，拒绝了这次收购，我们就没有完成这次收购。"对方的临场毁约让华为与100亿美元擦肩而过，却成就了未来的华为芯片。

2002年12月，一场旷日持久的官司在华为和思科中间打响。2004年7月28日，双方达成和解。表面上看，华为并没有在这场官司中失败，但任正非开始意识到，只有在技术上取得独立，华为才能在未来更好地发展下去。

三个月后，华为集成电路设计中心改组，独立出来成立海思半导体公司，其英文名"HiSilicon"实际上就是Huawei

第 二 章
芯 片 技 术： 需 求 引 领 ， 设 计 突 破

Silicon 的缩写，华为半导体的意思。海思的独立在中国通信市场并不是先例，早在 2000 年，中兴就将自己旗下半导体部门独立出去，成立了中国本土设备商中最早独立运营的芯片公司中兴微电子。

半导体部门一直是各大硬件厂商的关键部门之一。随着半导体产业的进一步发展，其重要程度也日趋显现。任何科技设备都需要系统及软件，"核心大脑"芯片的作用不容小觑。海思成立的目的就是进一步加强华为通信系统芯片的能力，用任正非的话来说就是"为主航道保驾护航"。虽然海思独立经营，自负盈亏，但实际仍归属在华为的体系下。在大家眼里，海思与华为之间是等号关系。

第三节

无线通信芯片：持续努力的厚积薄发

时至今日，手机已经成为一个现代人的标配，日常生活都离不开手机的陪伴。人类依赖手机很大的原因在于通过手机可以与任何人建立联系。如果手机失去联络功能，就只是一个功能丰富的电子设备。而对于手机的通信联络功能来说，基带处理器是最重要的一颗芯片。

在通信终端产品中，基带处理器起到信息处理的作用，一是将即将发射的基带信号编码，二是将已经接收到的基带信号解码。通俗来讲就是在打电话的过程中，将自己发出的语音（或其他数据信号）统一编码用于信息传输，在收到对方的信息后，将该信息解码转换为语音（或其他数据信号）。而通过运营商的网络传输，也同样需要依赖基带处理器。

首款麒麟芯片麒麟910诞生之初，采用了SoC技术，即将AP（Application Processor，应用处理器）与BP（Baseband Processor，基带处理器）整合在一起。通过AP和BP的整合，不但缩小了芯片的体积，还能让华为基带处理器在手机中发挥更高的性能，给用户带来更好的使用体验。

基带处理器一直是华为在终端通信领域的王牌技术。但在5G到来、巴龙5000高调登场之前，很少有人注意到该系列产品的研发。其实早在1998年，3G时代到来之前，华为就开始着手进行基带处理器的研发。

3G时代艰难起步

1998年，一场论证会后，华为正式决定进入3G领域，启动WCDMA预研项目。经过分析，华为认定已有的方案在成本和规格上都无法满足未来市场的需要，ASIC芯片代替势在必行。当时，业内没有任何成熟的WCDMA套片解决方案，但已经有公司在探索。华为走到了一个岔路口：等待行业的发展搭顺风车，还是进入蓝海自己摸索。自己开发基带芯片风险太大，资本投入后可能会颗粒无收；但自主研发可以保证核心芯片不受制于人，也能提高华为WCDMA产品的竞争力。经过反复权衡协商，华为决定启动ASIC项目研发。

在此之前，华为都是直接进口国外基带芯片，现在突然要自己研发，确实难倒了基础研究部的人。整个团队80%的人都是应届毕业生，缺乏ASIC的相关设计经验，而芯片的复杂程度和设计难度都远高于华为当时的水平，为了能更好地理解WCDMA系统和基带算法，项目组亲自到算法实现组参与产品研发，这也开创了ASIC人员参与到产品中去进行设计的先河。研发最初的半年，项目组的人基本没有周末休息，每天为了芯片研发而加班到深夜。经过全体员工一年多的努力，2001年年底，芯片设计方案成功完成。

有了设计方案，剩下的就是验证测试。不同于华为之前研发的任何芯片，WCDMA基带芯片因为其高集成性，导致在测试过程中难以明确界定性能和功能测试的区别，所以需要更多时间。经过了整整一年时间，WCDMA基带芯片才完成测试。之后就是新一轮的芯片优化，解决验证测试中出现的问题。

到2003年7月，经历了种种困难，WCDMA基带芯片终于实现小批量生产，迈出了基带芯片的第一步。

之后的事实证明，华为选择自研基带芯片是明智之举。研发成功后的很长一段时间内，市场上仍没有成熟的商业基带芯片，国外大厂也都使用自研的ASIC芯片，并不对外出售。如果当时等待国外企业研发，在3G市场的竞争中，华为则会彻底丧失主动权。

华 为 技 法：

华 为 技 术 的 2 1 次 突 破

突破11——4G时代奋勇直追

在3G流行之初，最为人津津乐道的就是数据卡提供的移动网络功能。仅需要一个U盘大小的数据卡，就能让一台笔记本电脑上网，一时之间这成为许多笔记本电脑用户的标配。

对于这种"边角料"业务，诺基亚、摩托罗拉等传统手机大厂自然看不上。华为嗅到商机后，立即开始数据卡研发。随后推出了E系列数据卡，在全球市场中都取得了不错的成绩，其中仅E220一年的销量就高达900万部。一台外形小巧、结构简单的数据卡利润能达到百元，一时间，华为终端部门的正常运行，都依靠于这块小小的数据卡。

华为在数据卡上获得了高额利润，立即吸引了老对手中兴的关注。2007年，中兴开始全面向数据卡领域进军，并通过低价来抢占全球市场。在中兴和华为竞争时，华为渐渐发现自己这边经常会出现基带处理器断供的情况，导致在市场竞争中常因数据卡产量不足而接连战败。当时，数据卡基带处理器的唯一供应商是美国高通，华为和中兴的数据卡都依赖高通的芯片。中兴早在1998年就与高通合作共同研发通信基站和移动终端产品，因此，中兴的供货优先级远远高于华为。

上游核心芯片的断供导致华为数据卡市场急剧缩小，在市场需求的倒逼下，华为不得已走上了4G基带处理器的自研道路。

第 二 章

芯 片 技 术： 需求引领，设计突破

芯片研发的工作交给了刚成立不久的海思。当时的基带芯片负责人就是日后参与华为手机芯片研发的王劲。仅两年后，在2010年初，业界首款支持TD-LTE的基带处理器便成功推出。

华为海思将该芯片起名为巴龙（Balong）700。其中有两种含义：首先巴龙是位于珠穆朗玛峰西北方向的另一座山峰，海拔为7013米，在珠穆朗玛峰的光辉下鲜为人知，华为海思以此作为芯片名，表示自己也如登山爱好者般，喜爱挑战像巴龙这样低调又充满魅力的高峰；而巴龙的另一层含义是记载于《山海经》之中的上古巨蛇，其身形巨大，曾一次吞下一只大象，正是华为海思芯片的最好体现。

但不论山峰还是巨蛇，巴龙700成功打破了高通对于基带处理芯片的垄断地位，为华为海思之后的麒麟系列芯片打下了坚实基础。

有了巴龙700的成功经验，华为海思再接再厉，于2012年成功推出巴龙710基带芯片。和以往不同的是，从巴龙710整合于麒麟910，在手机芯片上实现了AP与BP的整合。其次，作为首款支持LTE Cat.4的终端芯片，巴龙710以150Mbps的下行速率，远超同时期高通、联发科的产品，遥遥领先业界一年水平。从这时起，巴龙系列逐渐走向正规，此后推出的每一代产品，都实现了业内最强规格。

2013年问世的巴龙720，支持LTE Cat.6的终端芯片解决方案，下行速率较上一代产品巴龙710实现翻番，达到300Mbps。2015年，巴龙750发布，率先支持LTE Cat12/13（UL）协议和4CC技术，速率再次翻倍，以600Mbps的下行速率，完胜450Mbps下行速率的高通同期产品MDM9x45。2018年，首款4.5G基带芯片巴龙765推出。它天生带着许多光环，例如峰值下行速率在FDD网络环境下达到1.6Gbps，有效降低时延，全球首款TD-LTE G比特方案等。

在4G时代，巴龙系列芯片是LTE产业发展进程中全新的里程碑。在5G时代初期，巴龙系列芯片则带动了产业标准化方向。

突破12——5G时代一鸣惊人

2018年2月25日，华为旗下首款5G商用芯片巴龙5G01在MWC展会上闪亮登场。这是全球首款基于3GPP标准的5G商用芯片。对标高通骁龙X50和英特尔XMM8060这两款5G芯片，巴龙5G01的大部分参数实现追平乃至反超。但由于技术原因，这款芯片的载体是部分小型基站以及商用终端，要想应用于智能手机上还需要一定的研发时间。

一年过后，华为海思带着巴龙5000和基于该芯片的首款5G商用终端华为5G CPE Pro出现在了公众视野中。作为全球唯一一款可以量产，并率先同步支持SA+NSA组网方案的5G基带芯片，巴龙5000的出现对于无线通信领域无疑是一颗深水炸弹。

SA+NSA的融合组网方式，不仅在现阶段可以立即给用户提供5G网络，还能在之后网络与终端设备向SA转换时，更好地适应改革升级。相比之下，其他使用第三方基带芯片的手机企业，在短时间内都只能使用仅支持NSA组网方式的高通骁龙X50基带，在未来5G网络向SA升级之中留下了不确定性。

此外，巴龙5000还是全球量产的5G基带中速率最快的芯片。5G之所以在未来能改变世界联接万物，最重要的前提就是高速率和低延时。在5G网络Sub-6GHz频段下，巴龙5000峰值下行速率可达4.6Gbps，叠加LTE双连接可达7.5Gbps，远超4G LTE可体验速率。与之相比，高通搭配骁龙855平台提供给其他手机企业的X50 5G芯片在Sub-6GHz频段的速率只有2.3Gbps，仅为巴龙5000的50%。

2019年6月28日，中国移动发布首份5G芯片和终端评测报告，巴龙5000在网络兼容性、吞吐率、续航能力上，都一骑绝尘。经过4G LTE时代艰苦卓绝的奋斗和积累，巴龙芯片终于在市场上发出了自己的声音，让行业内的其他厂商刮目相看。

和巴龙5000同时推出的还有行业内首款面向5G基站的核心芯片——天罡芯片。巴龙系列芯片的主要受众，是以个人终端为代表的消费者，只需要解决用户个人的解码和编码即可，而天罡芯片作为基站芯片，要对该区域内所有用户的通信信息负责，所以不管是产品技术还是研发难度，都是以前的芯片无法比拟的。基站作为一切通信建立的基础，如果没有它的存在，其他任何5G技术都是空中楼阁。自2012年5G

概念的首次提出到2019年，只有华为领先于世界，成功研发出5G基站核心芯片。

利用AAU（Active Antenna Unit，有源天线处理单元）技术，5G基站在尺寸方面相较于4G基站缩小近55%，重量也减轻23%，功耗节省达21%。同时，天罡芯片最大的特色是可以让市面上大多数基站从4G直接升级到5G，为5G发展带来极大的便利。

巴龙5000和天罡芯片的同时推出，向世界宣布了华为在5G通信技术领域的绝对领先，这也是华为多年来在无线通信领域投入的最好回报。

第四节

手机终端芯片：把命运掌握在自己手里

华为自成立到2020年，已有33年的时光。作为一家老牌通信企业，虽然在国际市场上早已声名显赫，但华为真正走进公众的视野还是近10年的事。华为品牌在大众消费市场的提升依靠的是其旗下手机和配套推出的麒麟手机芯片。

早在2006年，海思就开始从事手机芯片的研发，当时华为还没有明确的终端战略，海思的芯片也不是为华为手机供应，两家企业各自发展。

2006年到2013年间，海思在手机芯片领域专注于K3系列的研发，但结果并不尽如人意。K3V1的水平仅与三年前相当，在移动终端的市场中，就连山寨机都看不上；而K3V2虽然在性能方面刚刚及格，但在内部优化中还存在许多问题，搭载K3V2芯片的手机在使用过程中常常发热、卡顿，用户体验十分糟糕。任正非认识到，芯片作为一个长期战略，短期的失败并不能说明什么，不过现在能帮助海思的只有华为。于是他下令，要求自家生产的手机必须搭配K3V2的芯片。在华为鼎力支持之下，经历一代又一代的改进后，K3V2终于在华为P6中绽放出光芒。

此后，K3系列淡出视野，麒麟系列横空出世，并一路高歌猛进，开启了华为海思手机芯片的新纪元。发布麒麟910时，华为还在努力追赶前人技术，到推出麒麟950时就实现了首次反超。海思也在这个过程中，从一个"吸金娃娃"，成长为华为坚实的技术后盾（图二）。

图二　麒麟芯片产品迭代路线

在小米、OPPO、VIVO等国产手机普遍使用美国高通骁龙芯片的今天，华为能突破产业垄断，依靠自主研发的麒麟系列手机芯片站起来独当一面，足以证明华为非同寻常的研发能力，以及任正非对芯片战略长远的布局。

华 为 技 法：
华 为 技 术 的 ２ １ 次 突 破

突破13——K3V1蹒跚而行

2006年之前，中国通信终端产业还比较落后，市面上的手机主要是由诺基亚、摩托罗拉、西门子、爱立信、阿尔卡特等通信制造业的巨头垄断。在这段时间内华为虽然也有涉及手机产业，但做的多半是白牌机，在市场上缺乏影响力。直到2006年，台湾联发科打破了垄断局面。联发科推出一系列GSM的Turnkey（一站式）解决方案，帮助国内企业制造手机。也就是说联发科自己不参与手机的生产，但可以通过解决方案，手把手教企业生产手机，还为其提供手机制造的核心——芯片。这样一来，任何一家企业，只负责采购屏幕、摄像头、键盘等基础元器件，就能生产出自己品牌的手机。手机生产的门槛从此大大降低，大量山寨手机迅速流入华强北市场。五花八门的山寨机，凭着超低的价格，很快扩展至全国市场。中国正式进入山寨机的时代。

当时，海思才成立不久，主要负责SIM卡芯片、视频监控芯片、机顶盒芯片等相对简单的芯片设计。联发科带领着山寨机迅速崛起让海思心动。在市场刺激下，海思希望能复制联发科的业务模式，遂决定展开手机芯片的研发。虽然当时华为已经在从事手机终端业务，但这个阶段的海思手机芯片并不专供华为，更多以对外授权出售为主。

任正非给予海思极大的支持，每年4亿美元的高研发投入让海思无后顾之忧。在华为的鼎力支持之下，海思在2009年推出了首款手机应用处理器（AP，Application Processor）——K3V1。

虽然成功研制出了手机芯片，但用了整整三年时间。按照摩尔定律，这三年时间足以让其他芯片的性能翻一番。采用110nm制程工艺的K3V1，在面对其他采用65nm或45nm制程工艺的芯片时，不论是在性能、尺寸、功耗，K3V1都毫无优势。搭配在日落西山的Windows Mobile操作系统上，海思手机芯片的第一仗可谓惨败，只有少数不知名的手机如：Babiken Vefone V1、Ciphone 5（C5）、T5355、IHTC HD-2采用了该方案。

出货百万的K3V1芯片在很长一段时间沦为业界笑话，其合作伙伴也大都弃海思而去。任正非为海思订立的十年目标，只有3000名员工数量快速达标，而30亿营收仍遥遥无期。2009年，华为营收额达到1491亿元，成为仅次于爱立信的全球第二大电信设备商。但对于海思而言，这年的失败让每个人心里都憋了一口气。

"暖手宝"的逆袭

K3V1芯片的失败让华为意识到，其他企业的生产模式不能直接复制，想要在手机芯片领域取得突破，就必须依靠华为自家的手机支持，把移动终端和手机芯片研发结合起来。所以在2009年，海思半导体公司的移动终端芯片部门被转移至华为公司的移动终端部门内，也就有了之后"大海思"的说法（大海思和小海思是华为内部的概念，大海思研制的芯片只有华为自己用，比如麒麟系列芯片；小海思研制的芯片给产业用，比如凌霄系列芯片）。自此，海思手机芯片的研发模式和研发方向发生了彻底改变。

负责移动终端芯片研发的王劲是公司元老，曾负责华为3G无线网络产品的研发。在他的带领下仅用两年时间，新一代的手机芯片K3V2就成功问世，并被华为手机采用。

K3V2芯片采用40nm的工艺技术，搭配四颗Cortex A9核心，成为当时世界上面积最小的四核芯片。但K3V2在手机芯片市场面对的对手主要是英伟达Tegra 3、高通骁龙S4、苹果A6，这些芯片已经开始采用28nm、32nm的工艺，K3V2芯片显然还有很大的差距，其表现也不完全尽如人意。最为人诟病的就是芯片的功耗和发热问题，"暖手宝""拖拉机"是使用该芯片手机的代名词。加上Vivante GC4000 GPU糟糕的兼容性，卡顿、失控状况频出，使得采用K3V2芯片的手机并没有得到市场的广泛认可。

但即使如此，任正非还是坚持要将K3V2芯片手机用于自家的移动终端。华为的认识已然清晰，芯片是手机终端的长远战略布局，需要投入大量资金和精力，更需要自我创造迭代的机会。从2012年开始，华为的中高端旗舰手机D系列、P系列、Mate系列均被要求搭载海思K3V2芯片。虽然芯片在逐步完善，但在量产的过程中还是反复出现问题。研发人员苦不堪言，市场评价却不见好转，甚至有网友调侃道："海思

第 二 章

芯 片 技 术：需 求 引 领，设 计 突 破

恒久远，一颗（K3V2）永流传。"

到了P6，任正非的态度依然没有改变，坚持华为品牌手机一定要用海思芯片。华为P6通过搭载改进版芯片K3V2E，终于在中端市场崛起，但即使如此华为P6的销量在最后也只实现了预计1000万部的五成不到。

2013年，海思智能手机芯片出货超千万，首次实现盈利，营收达到13.55亿美元，名列全球IC设计公司第12位。从此，华为手机芯片研发驶入快车道。

突破14——柳暗花明，麒麟降世

华为P6取得成功之后，华为内部在讨论要不要开发K3V2 Pro版本，用于后续推出的手机，但因为判断缺乏产品竞争力，最终放弃了Pro版本项目。几个月后，华为立项了一个名为"K3V3"的新项目，期望再做一颗全新规格的独立芯片，即未来的SoC集成芯片。

然而，本该于2013年年中推出的K3V3芯片，却并未出现。这是因为其热能发电技术被曝光后，遭到了各方质疑。所谓热能发电技术，是通过一种充电芯片，将热能转化为电能的技术。也就是说，按设计，当CPU温度高于一定程度的时候，K3V3芯片会自动启动，为电池缓慢充电，实现循环再利用。这一想法听起来不错，但在本质上，芯片供给电池的研发方向是错误的。简单来说，芯片运作本身就会有电能损耗，其发热量甚至不足以维持热能发电的运作。

在一段时间的沉寂之后，2014年初，华为海思推出了全新的手机芯片系列——麒麟（Kirin）。华为以此作为芯片的名字，是希望麒麟芯片可以开启美好的未来。

麒麟系列芯片首款产品就是采用SoC技术的麒麟910（图三）。SoC的全称为System-on-a-Chip，直白地翻译成中文就是"把系统都做在一个芯片上"，将AP和BP整合在一块芯片之中，可以在保证规格竞争力的前提之下，降低生产成本。这种整合方式的设计初衷，是为了增加K3V3芯片的竞争力。虽然K3V3的研发无疾而终，但这种封装方式却留了下来，并在之后的每一款麒麟芯片中都有体现。

麒麟910是全球首款四核SoC芯片，支持LTE 4G网络，实现了性能与功耗的平衡。华为Mate2、P6 S、P7、H30等手机均搭载麒麟910，赢得了良好的口碑。

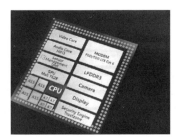

图三 SoC

第 二 章

芯 片 技 术：需 求 引 领，设 计 突 破

在麒麟910推出半年之后，2014年6月华为海思又迅速推出搭配八核处理器的麒麟920。这是全球第一个将4G的LTE Cat 6处理器和巴龙720基带处理器集成于一体的芯片，配套推出的还有搭载该芯片的荣耀6。麒麟920的整体性能直接对标高通最强的4G芯片骁龙805。海思心里憋的气，终于能吐出来了。

自2004年成立海思，华为用了10年时间，终于追上了世界研发水平。这个时期，中国智能手机市场容量约4亿台，全球智能手机市场容量约13亿台。如果再加上平板电脑、智能手表、智能手环和其他智能设备，这个数字还会翻倍。市场对芯片的需求量巨大。

芯片产业如果投入得当，不仅可以带来可观的经济回报，还能建立技术壁垒，提升企业乃至国家的综合竞争力。基于此，芯片产业的发展再次进入国家发展战略。2014年6月，国务院印发《国家集成电路产业发展推进纲要》，提出成立国家集成电路产业投资基金。在政府的带动下，不到一年时间，基金就在25个项目中投资400亿元，并由此带动了上百个由地方政府基金支持的投资项目。在政府的号召之下，诸多企业进入芯片领域。例如，小米学习华为生产模式，其旗下全资子公司松果电子与联芯科技签署协议，合作生产手机芯片；清华紫光也在此时并购国内展讯和锐迪科两家芯片厂商，开始向手机芯片进军。

华 为 技 法：
华 为 技 术 的 2 1 次 突 破

高端市场的弯道超车

2014年下半年，在中低端市场站稳脚跟的华为和小米都开始向高端智能手机市场转型。在海思的支持下，华为很快推出搭载升级版麒麟925的Mate7。最终，Mate7全球销量超过750万台。在国产3000元以上的旗舰手机中，这是一个新纪录。

当时，高通在手机芯片市场处于霸主地位，除了苹果、三星和华为，几乎市场上所有智能手机都采用高通的处理器。为了平衡各家的关系以及压制竞争对手，高通会刻意选择把自己最高级的芯片给哪家公司。也就是说，大多数公司的命脉都掌握在高通手中。小米就因为高通供货不及时，无缘高端手机。华为与小米之间的距离也就此拉开。

2015年，海思相继推出麒麟930和麒麟950，实现技术突破。其中，麒麟950直接跳过20nm工艺制程，成为业界率先使用台积电16nm FinFET（鳍式场效应晶体管）工艺的SoC。

基于对摩尔定律的认识，早在市场普遍使用28nm工艺的时候，海思总裁何庭波就拜访教授讨论16nm工艺的可行性。在得到肯定回答之后，她决定放弃20nm工艺的研发，专注于16nm的技术突破。之后何庭波又带着芯片设计，前往台湾拜访了台积电负责人。这次会面中，双方达成战略合作协议，华为率先用上台积电16nm工艺。后来，从麒麟960迭代到麒麟990，麒麟SoC使用过台积电10nm和7nm+的领先工艺。随着双方合作推进，华为海思成为台积电第二大客户，并跻身世界半导体工艺的前沿。

2020年4月，国内分析机构CINNO Research发布的月度半导体产业报告显示，华为海思在中国智能手机处理器市场的份额达到43.9%，首次超越高通。

第五节

物联网芯片：开启智能世界

作为行业的领路人，华为有着同行无法企及的嗅觉。在5G时代来临前，华为就通过芯片研发对未来发展布局。

早在2016年，华为就意识到未来科技发展的新方向，提出建立智能世界。在这个世界中，万物都能建立联系、产生感应，也就是"万物互联"。2017年，华为轮值CEO胡厚崑在新年献词中提出："2018年，华为三十而立，风华正茂。未来二三十年，人类将进入智能社会。面向新的时代，华为立志：把数字世界带入每个人、每个家庭、每个组织，构建万物互联的智能世界。这既是激发我们不懈奋斗的远大愿景，也是我们所肩负的神圣使命。"

万物互联并不是只是一句简单的口号，要想将其付诸现实，最基本的需求就是网速。只有网络速度到达一定标准，万物的联接才能及时且通畅，这样的联接也才有意义。为此，华为首先推出了用于路由器的凌霄芯片。其次，人工智能的运算能力也非常重要，面对复杂的指令，AI需要在极短的时间内完成运算。如何将人工智能的应变思考时间从几分钟缩短至几秒甚至更短，是将来万物互联的核心技术，华为昇腾系列AI芯片的诞生，就是为了解决这一问题。最后，作为万物互联的硬件基础，华为鲲鹏系列服务器芯片为软件提供了一展拳脚的平台。

通过布局三种不同领域的芯片，有理由相信华为所期待的"万物互联"正在来临。

凌霄系列：让联接畅通无阻

在物联网方面，华为发布了面向智能家居的凌霄系列芯片——凌霄650，这是全球首款全套Wi-Fi 6+解决方案，包括凌霄650 Wi-Fi、凌霄650 PLC（Power Line Communication，电力线通信）及凌霄650 CPU三颗芯片。凌霄650 Wi-Fi主要负责路由器无线网络功能，凌霄650 PLC则负责有线网络功能，这样在分布式路由器组网的时候可以实现有线和无线混合组网。凌霄650 CPU作为路由器的核心控制单元，掌控整个路由器。三颗芯片相辅相成，将大幅提升家庭Wi-Fi联接体验。

根据华为官方网站介绍，凌霄650芯片在路由器中支持协议最大频宽160MHz，拥有更快的Wi-Fi传输速度。通过将2G频段和5G频段集成于一颗芯片中，实现业界最高集成度。

华为凌霄系列的研发，是通过智能路由网络对物联网的布局。在未来，要想实现万物互联，路由器地位重要，甚至会成为智能家居的数据中心，让每个家庭的数据存储都能被路由器智能化来代替。只有在这方面取得核心技术的进步，才能更好地适应未来。

鲲鹏系列：物联网的基石

物联网通过感知层的终端设备取得信息，然后通过物联网平台来实现对设备的有效管控，所以在物联网中，不管是平台还是软件系统都依赖服务器作为基石。

华为通过优化改进ARM授权提供的ARM8技术，在2019年1月7日发布了应用于服务器的鲲鹏920芯片。这款芯片在带动IT产业发展的同时，还成功助力物联网走向更广阔的道路。

相较于业内其他服务器芯片，鲲鹏920芯片的基础性能足足提升了25%，但功耗反而更低，双端口的设计更是让芯片的传输速率实现翻倍。优异的芯片性能，使建立在其之上的服务器可以存储和处理更多数据和信息，建立在此之上的物联网才成为可能。

昇腾系列：AI芯片升级算力

2018年10月10日，在华为的HC大会上发布了两款AI芯片：昇腾910和昇腾310。这是华为首次自研的AI芯片，其中昇腾310芯片采用12nm制程工艺，是面向边缘计算场景最强算力的AI系统级芯片；而昇腾910则采用7nm制程工艺，是发布的所有芯片中计算密度最大的单芯片，可达256T，高出同期英伟达的Tesla V100一倍之多。通过1024个昇腾910，华为创建了迄今为止全球最大的分布式训练系统Ascend Cluste。

人工智能和物联网的关系，类似于软件和硬件的关系。人工智能需要物联网作为载体，而物联网依靠人工智能来驱动。物联网感知设备会收集大量的数据，如何利用这些数据并且分析数据，就是物联网发展的一大核心。人工智能为物联网的数据难题提供了解决方案。通过强大的数据分析能力，人工智能可以做出智慧决策。

昇腾系列虽然以华为首款AI系列芯片面向公众，但其更具影响力的是采用了华为开创的全新芯片架构"达芬奇架构"。

基于ARM架构所研发的达芬奇架构是华为在人工智能领域的一次尝试，它能通过多种训练场景的模拟，为全场景提供最优算力，以满足各个场景的应用。开发者只需要进行一次开发或调试，就可以将产品应用于不同平台。

达芬奇架构的意义不仅如此。在过去很长的一段时间里包括华为在内的移动端主流芯片架构，都是采用ARM架构。作为一种芯片技术，ARM架构的优势在于性能强、功耗低、成本低，并且对于移动终端设备来说，更加节能，所以ARM架构被广泛应用于手机、平板，甚至延伸至便携式笔记本、

第 二 章

芯 片 技 术： 需求引领，设计突破

服务器中。

但随着美国对华为的不断打压，ARM公司已经宣布停止与华为合作。虽然华为当前已经购买了ARMv8永久的使用权，在ARMv9成功面世之前，对于华为并没有什么实质性的影响，但之后华为要想继续设计生产芯片，就必须摆脱ARM架构，创建另一种不同的架构。

这个时候华为有两条路去走：一种是在ARMv8架构基础上继续研发，通过对该架构不断更新升级来满足后续芯片设计；另一种则是完全抛开ARM架构，研发全新的芯片架构。而达芬奇架构就是华为第一条路的尝试。

第六节 | 未来芯片道路

2019年5月16日，华为被美国商务部工业与安全局列入实体清单，禁止美国企业与华为之间进行贸易往来，华为在基础元器件以及芯片原材料方面受到极大限制。2020年5月15日，在"实体清单"事件一周年后，美国将禁令升级，规定"只要采用到美国相关技术和设备生产的芯片，都需先取得美国政府的许可"。这意味着不仅仅是芯片制造的原材料被阻断，就连台积电等协助华为生产芯片的企业也被明令禁止，华为陷入了自创业之后最严重的一次危机。

在科学技术领域，任何研发能力和技术优势都建立在产品的芯片之上，没有芯片，其他的一切都是空中楼阁。同时，这是一个典型的人才、技术和资本高度密集的产业，任何一家企业要想取得成功都需要长期的布局和投入。20世纪后半段，三星用了近40年的时间才后来居上，成功迈入世界芯片研发的前列。现在的华为，经历了十几年的开拓，终于从严重落后中追赶上来，这其中的艰难和困苦可以想象。以麒麟980为例，前华为海思项目负责人艾伟曾透露："它的研发周期长达3年，投入超过3亿美元。共有1000多位高级半导体专家参与，进行了超过5000次的工程验证才最终量产成功。"

在早年，华为决定研发生产交换机BH01前，就知道被人捏着喉咙的生活并不好过，而芯片作为关乎华为未来生死存亡的关键，只有自己掌握，才能真正站立起来。所以这些年，华为不论盈亏，都依然坚定不移地对芯片研发投资。现在，多年的投入终于该收获果实时，美国突如其来的制裁，再次将华为打入谷底。

在这场毫无意义的战斗之中，受伤的不仅仅是华为。纵观芯片发展历史，从早期德州仪器（TI）、英特尔（Intel）等IDM式厂商在一家独揽中逐渐没落，到现如今高通、台积电等分工合作，说明了在经济全球化的今天，没有哪家芯片企业可以脱离整个产业生态链单独存活下去。断供华为，受损的是整条生产链上的所有企业，受影响的也只会是全人类的科技进步。

但是事实已经发生，华为能做的只有去积极面对。好在

第 二 章

芯 片 技 术： 需 求 引 领 ， 设 计 突 破

任正非的危机意识让华为随时做好了御冬的准备。据华为年报数据显示，截至2018年年底，华为整体存货达到945亿元。其中，原材料为354.48亿元，原材料占总存货36.72%，创造了近十年的新高❶。到2019年，华为整体存货已达1653亿元，同比增长75%，原材料总价值也达到585亿元❷。虽然华为没有透露储备的都是何种芯片，但是种种迹象表明，这其中主要还是以面向通信基站和设备的赛灵思可编程芯片。而由于手机终端更新换代的频繁性，华为并没有大量囤积面向手机的芯片，而是在2020年上半年向台积电追加了一大批订单，作为华为5G旗舰手机的核心芯片。

大量囤积芯片虽然可以暂时帮助华为渡过难关，但终究不是一个长久之计，在芯片用完之前，华为必须找到一条新道路。

首先是改变芯片生产模式：放弃现在的无晶圆厂生产模式，走自力更生的IDM模式。这虽然是一个思路，但却难以付诸以实际行动。晶圆代工产业从零崛起，并非一朝一夕的工程，需要太多人力与物力的投入。三星用了60年，做到了目前全球唯一一家具有市场竞争力的IDM模式的公司；台积电则是利用张忠谋在德州仪器的技术经验，通过30多年的努力，成为当今无可替代的晶圆代工厂；而仅有20年发展历程的中芯国际，虽然在国内已是遥遥领先的地位，但距离世界

❶《华为投资控股有限公司2018年年度报告》
❷《华为投资控股有限公司2019年年度报告》

顶尖技术还有很长的一段路要走。所以就华为目前的发展形势来看,时间并不允许华为这样去做。

那么华为只剩一条路去走:继续保持现在的生产模式,通过资金投入、技术指导,带动国内芯片产业的其他公司崛起,解决中国芯片的代工,以及EDA、光刻机等重要设备国产化等问题。

所以华为呼吁国内半导体产业链加强合作,探索出在美国施压之下生产制造半导体产品的方法。2019年中,华为以7亿人民币注册了一家全资子公司——哈勃科技投资有限公司。公司的主营业务只有一个,就是投资。公司成立一年内,投资了18家企业,它们都有一个共性:都拥有自主研发的技术,且大部分都是在半导体产业链之中的公司。华为这样做的目的很明显,就是扶持国内芯片技术的共同发展,打造一个属于中国的芯片生态圈。

从2019年起,很明显可以看出华为在逐步加大国产芯片的份额。自台积电断供华为之后,华为就将订单转向中芯国际,虽然目前中芯国际只能实现14nm芯片工艺,但其试产的N+1/N+2工艺将有望绕过7nm工艺实现性能上的追赶,这对华为来说又是一个好机会。短时间内,华为还可以与国内其他芯片公司合作,通过联发科、紫光展锐两家设计商购买芯片作为替代选择,以维持消费电子业务。2020年初,中国科学院为国产芯片带来了福音:其成功研制出制造2nm芯片的重要器件——新型垂直纳米环栅晶体管,为国产芯片的进一

第 二 章

芯 片 技 术: 需求引领,设计突破

步发展奠定了基础。

此外，在2020年7月29日至7月31日，三天时间内，任正非带领华为战略研究院院长徐文伟和海思半导体总裁何庭波，密集走访了上海交通大学、复旦大学、东南大学和南京大学四所高校，数次谈及基础科研的重要性，既是有意为华为芯片研发铺路，也是在为人才培养和人才积累做准备。而且在这段时间，华为加大力度招聘数百位国内顶尖光刻机工艺师，作为高端储备人才，从事先进光刻机技术研发工作。

华为事件激发了人们对芯片产业的关注。每个人都期望中国芯片早一天实现超越。实际上，在摩尔定律即将步入终点的时刻，中国芯片要想实现弯道超车并非绝无可能。截至2020年，以传统硅元素为基础材料的半导体研发，即将到达极限。而在5G来临之际，乃至之后的6G、7G，不论是人工智能还是物联网都对产品性能提出了更高的要求，半导体产业步入急需突破或转变的关键时期。此时，新的架构、新的材料、新的工艺都是未来芯片研发的突破方向，任何一项都可能改变世界芯片格局。

再以新工艺为例。包括台积电、三星在内的从事芯片代工的企业，都在FinFET半导体制作工艺的协助下，将半导体从22nm一路推进至5nm和4nm节点，但这已经接近极限。在2021年，三星率先放弃FinFET构架而大胆尝试GAAFET架构，希望通过架构的改变，突破硅材料的物理限制。

除去架构的改变，寻找硅元素的替换材料，是突破当前芯片发展瓶颈的另一种办法。在第三代半导体材料中，碳化硅具有抗高压、抗高温、抗高辐射的能力，被广泛应用于微电子以及微波射频器件等领域。在下一个发展阶段，新材料石墨烯和碳纳米管有望替代硅成为新一代半导体材料。石墨烯凭借着优异的物理特性，在光、电、力、热学中都有不错的表现，十分适合当作电子器件材料。中国科学院金属研究所已在2019年制备出"硅-石墨烯-锗晶体管"，大幅缩短延迟时间。若将其用在太赫兹领域的高速器件中，将有望大幅提升太赫兹雷达的性能。此外，基于碳纳米管的碳基电子学研究也在飞速发展，并逐渐从基础研究转向实际应用。中国芯片产业如果能在这个阶段把握机会，实现半导体材料的逆袭也并非异想天开。

未来三到五年对于华为来说会经历艰难时期，在商业寒冬之中如何保存火种等待春天，是华为反败为胜的关键。

第 二 章

芯 片 技 术：需 求 引 领，设 计 突 破

HUAWEI

第三章

物 联 网：

引领万物互联时代

比尔·盖茨1995年在《未来之路》中提及物联网（IoT，Internet of Things）概念，并设想了许多场景。例如，当你沿着大厅走路时，前面的光会渐渐变强，身后的光会渐渐消失，音乐也会随着你一起移动；遗失或遭窃的照相机将自动发回信息，告诉用户它现在所处的具体位置。

25年后的2020年，物联网已经来到人们的日常生活中，它提高了生活和工作的便捷程度。未来，物联网必将进一步延伸到社会发展的方方面面，改变人们的生产和生活方式，成为各个国家发展的重要战略，也是科技公司必争的主要阵地。

从无线传感器到纳米技术，物联网将掀起未来计算和通信的技术革命。政府认为物联网是推进未来国家建设、推动城市发展进步的主要力量。科技巨头认为物联网是科技发展到一定阶段的必然产物，是未来市场的高地。有了政府的政策，相关企业的技术支持，物联网必将携风雨而来，掀起一番巨浪。

物联网领域所涉及的范围非常广泛，技术方面，可分为感知层、传输层、平台层、应用层这四个层次，每层涉及的关键技术都是世界前沿科技；应用方面，包含医疗保健、环境、能源、运输系统、生活、商业/零售、物流、大数据和智能城市，涉及人们日常生活的各个领域。所有事物都将互联，然后进行统一智能化管理。

华为作为通信领域的龙头，多年来一直在物联网领域布局。公司不仅在推进物联网进程中积极表现，更是将物联网作为企业未来发展战略的重中之重。在技术积累的基础上，华为已走在物联网时代前列。

第一节

新一轮通信竞争

从5G进入人们的视野开始，物联网、万物互联等新词一直在被热议。那么，物联网到底是什么？

物联网IoT，业界普遍认为，这一概念的提出是在1991

第 三 章

物 联 网：引 领 万 物 互 联 时 代

年。美国麻省理工学院的Kevin Ashton教授在研究射频识别（Radio Frequency Identification，RFID）时提出"万物皆可通过网络互联"，阐明了物联网的基本含义：通过感知层技术，即通过扫描二维码、红外线识别等方式收集物体信息，然后把这些物体跟互联网联接起来，便于管理（图四）。

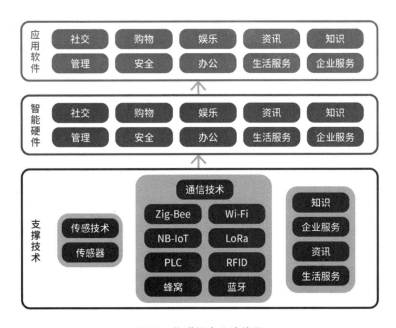

图四 物联网产业路线图

在互联网的第一阶段，是通过各种信号线传输信息，那时候是计算机之间的联接，而人只是使用计算机；互联网的第二阶段，是通过无线电波传输信息，而智能手机和笔记本电脑等移动设备的兴起，让联接变成了人与人之间的联接；现在，发展到互联网的第三阶段，业界称之为物联网。这个阶段还是通过无线电波技术传输信息，也就是说它仍然以互联网为基础，但不一样的是，这个阶段的任务不再只是把人与人、人与物联接起来，更要把物与物联接起来。万物皆可联，就是万物互联。让物品"说话"，以便于更加合理地布局安排，让信息可见，也就实现了物品可控。

已经可以看到，物联网对生活和商业等应用层面的影响。所有的智能手机、平板电脑和其他移动设备等不仅仅让人与他人交流，它们还可跟踪人的位置，监测人的健康状况，了解人的兴趣偏好，并将人与其他设备联接起来。这些还只是表面现象。

随着物联网的深度联接，更大的商业价值将显现出来。思科预测，2025年全球物联网产值将达到8万亿美元。实际情况是，我国的物联网市场规模在2017年就达到了万亿。面对如此庞大的市场以及对各行各业的影响，各个国家纷纷入局，把物联网发展上升到国家发展的战略层次，政府紧密布局。除此之外，全球所有通信巨头及物联网相关领域的企业也都在紧锣密鼓地进行技术研发，将物联网发展规划为企业未来发展战略的重中之重。

国家竞争

物联网行业在全球主要大国政府的推动下，进入了产业快速发展时期。

第 三 章
物 联 网： 引 领 万 物 互 联 时 代

智慧地球战略是 IBM 在 2008 年提出的下一发展阶段的计划，这个计划指出，信息文明未来的发展方向，将会是一个智慧基础设施和物理设施相融合的世界。IT 将会延伸到各行各业，成为发展的主要推力，社会系统和自然系统将会以更加智能的方式改变人的日常生活。IBM 建议政府未来的发展战略应该是将眼光投注于"智能"，建设诸如智慧铁路、智慧水坝等基础设施。只有更加智能的社会才会有更多创新的空间、更强的竞争力、更高的资源利用率，才能创造更有活力的未来。

当时的奥巴马政府关于 IBM 智慧地球的提议有所研究。之后的 2009 年，IBM 和 ITIF（Information Technology and Innovation Foundation，美国信息技术与创新基金会）再次共同向奥巴马政府提议"The digital road to recover a stimulus plan to create jobs，boost productivity and revitalize America（创造就业、提高生产力和振兴美国的数字化道路刺激计划）"，认为想要创造更多的就业机会，挽救失业率，信息通信技术（ICT）投资是一大突破口。

2015 年开始，美国开始加大力度投资智慧城市，总共有 1.6 亿美元的资金用于物联网平台的建设。到了 2016 年，美国多个州的很多领域已经建立起了物联网平台，如得克萨斯州建设的智能数字电网，就能在发生故障 10s 之内恢复供电。

欧洲也十分重视物联网的推进。2009 年，欧盟执委会提出"E-Europe"物联网行动计划，该计划包括 10 个方面共计14项行动计划，并于2015年成立了物联网创新联盟（AIOTI），该计划致力于世界范围物联网的发展。特别是欧洲的各大设备制造商，一直活跃在物联网的阵地前线，极大地推动了欧洲M2M（Machine to Machine）产业的技术发展。

欧洲物联网主要在药品和能源方面重点部署。例如，智能化药品就是将专用序列码与药品一一对应。有了专业序列码，对药品的追踪非常方便，也避免了制假、欺诈等情况，极大地便利了管理。

日本的"e-Japan""i-Japan""u-Japan"和韩国的"u-Korea""物联网基础设施构建基本规划"等，都是政府将物联网布局上升至战略层面的表现。其战略重点是希望通过物联网便利社会生活。韩国在2015年投资了370亿韩元，想要促进其在物联网领域的核心技术及物联网芯片、传感器之类的研发。在日本，关于衣食住行的物联网终端随处可见，自动放米煮饭的电饭煲、装了摄像头可看内部情况的冰箱，以及数字化住宅，通过网络实现随时随地信息接收，掌握住宅情况。

中国早在2009年，就意识到了推动物联网产业发展的重要性。当时，能够感知中国的物联网产业是中国五大新兴战略性产业之一，得到了国家足够的重视。2010年以后，物联网产业上升到国家首批加快培育的七个战略性新兴产业之一，首次成为国家发展战略，意味着中国物联网迎来了发展里程碑。

国家"十二五"规划中明确指出，到2015年，我国要初

第 三 章

物 联 网： 引 领 万 物 互 联 时 代

步完成物联网产业体系构建的计划。在国家政策的推动下，各地政府积极布局物联网，已取得了显著成效。

西安在2019年明确指出，要通过构建智慧治理的智慧城市，来优化城市的管理体系，通过升级数字城管系统，搭建一个整体性的城市物联网管理平台。

湖南在2019年公布了一项5G应用创新发展三年行动计划。该计划决定基于5G基础上，构建一个工业智能化、网络安全化、医疗健康化、生态环保化的新型智慧城市。

北京2019年关于智慧城市建设的项目拨款3.3亿元，通过云计算、大数据、人工智能等技术重点打造物联网基础平台，拥有智慧"城市大脑"。推动城市交通、环保、医疗、教育等方面的优化管理，实现智能一体化建设。

截至2016年底，全国所有副省级以上城市都提出了智慧城市计划，接近90%的地级以上城市也有相应计划。这意味着，全国一共500多个城市将智慧城市发展计划作为重点在发展建设。

巨头竞争

除了政府推动，相关企业在物联网领域的竞争势头也非常强劲。一些巨头企业还积极参与物联网各领域的基础建设及技术支持，成为物联网发展的主要动力。

物联网实现物物之间信息交换和通信的过程可分为感知

层、网络层、应用层。在感知层，利用传感器、二维码等技术，可以随时随地收集物体信息；在网络层，信息能够实时准确地传输出去；在应用层，可以把接收到的物体信息进行识别、分析、管理等，将其投入到生产活动中。

在这三个层次里，都有大量企业参与，并成为主导力量。具体包括通信企业、互联网科技企业、IT服务企业、运营商及垂直行业企业5大类。而通信企业由于其网络方面及基础设施建设中的技术积累，在物联网产业中具有较大优势。通信企业主要布局在智能硬件、物联网操作系统、物联网开放平台等方面，典型企业有华为、高通；互联网企业的优势则是拥有庞大的个人消费者群体和企业用户群，典型企业有苹果、小米、BAT等，他们的重点发展领域主要是智能硬件及应用场景、物联网平台及服务两类；IT服务类企业的核心优势是云服务业务，其典型企业有AWS、微软；运营商基于数量庞大的物联网连接设备发展管理平台，中国移动、中国联通、中国电信都在此类；垂直行业重点深挖创新应用及运营，例如特斯拉专攻车联网，西门子聚焦工业物联网。

拿主要的通信企业和互联网企业来说。

高通的5G愿景是打造统一联接世界的框架，为所有智能设备提供服务，涉及各个领域和垂直行业。这一芯片巨头，正在跨出手机领域，向物联网领域延伸。

2011年，高通以31亿美元收购无线网络芯片厂商创锐讯。同一年，推出通信技术平台AllJoyn，让两台同样使用该技术的设备快速实现数据共享。到2013年，创锐讯推出物联

第 三 章

物 联 网： 引 领 万 物 互 联 时 代

网芯片 QCA4002 和 QCA4004。而 AllJoyn 已跳出智能手机应用领域，拓展到物联网领域，可应用到家庭视频、家庭音响和其他家电中。

这一年后，高通在物联网领域的动作愈加频繁。也是在2013 年，高通成立 AllSeen 联盟，旨在让认证的产品之间能够互联互通。思科、微软、松下电器、海尔等企业都在 AllSeen 联盟中，既有家电制造商、汽车制造商，也有 IT 企业、云服务提供商等，扩大了高通的物联网生态。

2014 年，高通先斥资25亿美元收购蓝牙晶片厂 CSR，扩大物联网芯片业务。而后通过投资，收购美商晶像的子公司Qterics 7% 股权，深化安全及管理服务技术。

在 2018 年的世界移动大会（MWC）上，高通宣布，在硬件方面已打造了五大类物联网产品，包括移动 SoC、应用SoC、LTE SoC、连接 SoC 和蓝牙 SoC。同时，在软件方面也打造了语音交互界面、传感器处理、深度学习等几类产品。不管是智能家居、可穿戴设备，还是工业物联网、机器人，都有高通的身影。例如，运用高通的无线边缘服务，共享单车在设备管理系统里就能看到单车具体位置，状态处于开锁还是解锁，以及单车的付费状态和安全情况。这就让共享单车的管理变得高效便捷。

4G 时代的赢家苹果公司在近几年的发展中，不断将自身在软硬件上的优势拓展到物联网产业之中，其中三个领域最为明确：智能家居、智能汽车系统和可穿戴设备。

HomeKit 是苹果在智能家居布局的核心平台，于2014年发布。苹果表示，那些通过了苹果家庭自动化协议的配件，可以通过iOS设备进行操控，并引入面向服务设计这个全新概念。其含义用一个例子来解释就是，对于控制窗帘、控制照明设备和控制门锁的三个应用，你只需要告诉Siri "要出门了"这一个命令，三个应用都会执行操作：关灯，拉窗帘和锁门。

CarPlay是苹果在智能汽车领域推出的车载系统。全球有奥迪、法拉利、本田、现代等超过100个车型选择了与CarPlay合作。将iOS设备与汽车仪表盘系统无缝衔接的操作系统，给用户更智能的行车体验。

Health是苹果iOS 8主打的用户健康数据收集和分析功能。心率、睡眠、血压、体重和血糖等数据都可以监测，手机用户能在Health功能中查看这些数据，实时了解自己的健康状况。有了这些数据，万一有突发紧急情况，医疗人员也可以将这些数据作为参考，以最快的速度进行相应救助，减少诊断时间。

以上企业只是举例，实际参与的巨头企业数量众多。纵观全球的物联网产业生态环境，欧美发展最为成熟，聚集了大量知名企业，生产制造领先，标准相对完善，并且客户认知度高，物联网已经开始进入工业应用阶段。

过去几年中，整个物联网行业都备受瞩目，物联网创业公司也得到了较大的发展，受到了投资人的青睐。如Sigfox获得1.15亿美元VC投资用于无线物联网联接扩展，成为法国历史上最大的单轮投资交易。2016年2月，思科以14亿美元收购

第 三 章

物 联 网： 引 领 万 物 互 联 时 代

物联网平台Jasper，成为物联网领域最大的并购案之一。

各路力量都在加紧布局物联网，华为自然也不会落下。在物联网领域，华为提供从通信芯片、物联网终端操作系统到物联网平台及生态建设的一系列解决方案。华为不仅是通信厂商、终端制造厂商，还是互联网平台，凭借强大的自主研发能力和开放合作的态度，涉足领域广泛，从而获得极强的资源整合能力和产业链话语权。

第二节
关键技术是基础

关键技术是支撑物联网运行的基础能力。华为在物联网领域已攻克众多关键技术，包括在物联网传输层起关键作用的被称为物联网管道的NB-IoT（Narrow Band Internet of Things，窄带物联网）和5G无线接入网络，面向IoT领域，业界首款NB-IoT芯片——Boudica系列芯片，人工智能引擎HiAI平台，致力于让企业更智能的面向企业、政府的人工智能服务平台华为云EI，致力于聚合产业生态，使能客户商业成功的全球AIoT全栈云服务华为云，将延时、拥塞、算力等问题一网打尽的边缘计算。

这些技术覆盖了物联网感知层、传输层、平台层、应用层四个层次及大部分领域，包括边缘AI芯片／模组／服务器、安全、操作系统等，是华为端到端物联网解决方案的基础，发挥着至关重要的作用（图五）。

华 为 技 法 ：
华 为 技 术 的 2 1 次 突 破

148

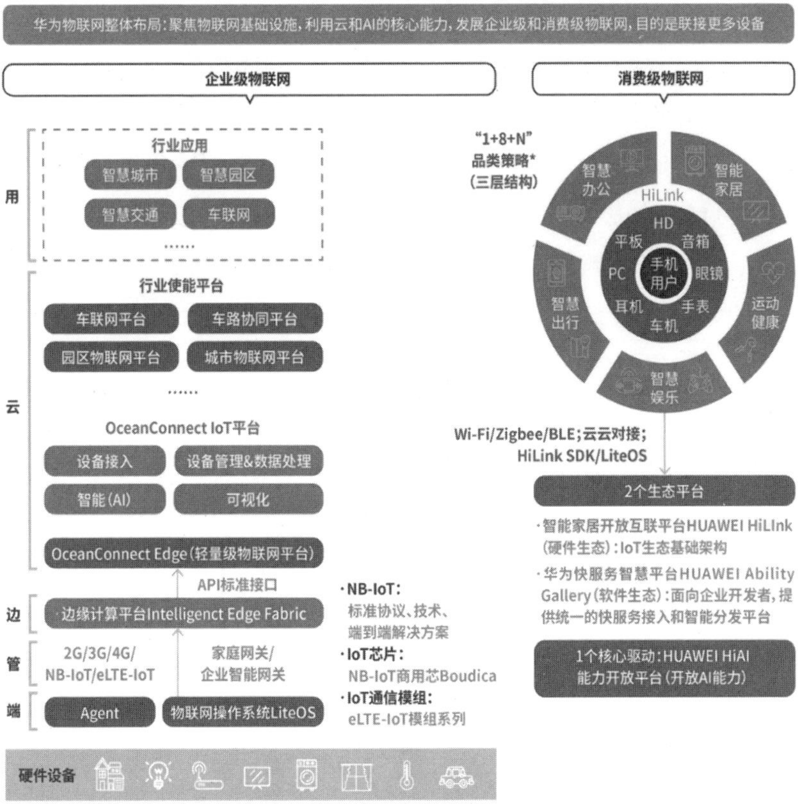

图五　物联网布局

突破15——通信技术NB-IoT

　　通信技术是物联网三层次中的传输层的大脑和神经中枢，负责传递和处理感知层获取的信息。它是实现物联网的基础

第 三 章

物 联 网 ：引 领 万 物 互 联 时 代

149

设施，也是华为的最强项。

5G之前，人工智能、大数据、云计算等技术就已经存在，但受到速度、时延、能耗等条件限制，无法得到充分利用。因此，这类技术在消费领域应用较多，较少投入产业互联网应用。5G之后，这些指标达到要求，可以应用到生产系统、工业系统以及各行各业中，推动产业互联网发展。

5G虽然优点突出，但也有缺点：建网成本高，覆盖距离短，终端通信模组成本高等。因此，距离物联网覆盖全社会各场景、各行各业的目标，还有一定差距。为此，和5G技术形成互补的NB-IoT技术就脱颖而出，成为物联网关键技术之一。在华为的物联网战略中，NB-IoT更是重要环节。

物联网通信技术按照距离来划分可以分为近距离通信技术（即局域网）和远距离通信技术（即广域网）。

局域网主要有蓝牙、Zigbee、WiFi和UWB等，在物联网领域的应用主要有智能家居、可穿戴设备、智能终端等。其最大优势是低功耗、组网简单和传输速率高。

广域网通信技术又可分为两类：一类是工作在非授权频段的技术，如LoRa、Sigfox等；另一类是工作在授权频段的技术，如NB-IoT技术和GSM、CDMA、WCDMA等较成熟的2G/3G/4G蜂窝通信技术，以及TD-LTE、FDD-LTE等。

过去，由于技术原因一直发展WLAN物联网（无线局域网）。但WLAN物联网受限于覆盖范围和功耗，无法完全满足行业应用的要求。于是，LPWAN（Low Power Wide Area Network，低功耗广域网）概念被提出来。LPWAN和

2G/3G/4G这类蜂窝通信技术的共同点在于，都是通过基站或类似设备提供信号。但LPWAN还可以胜任这些技术无法实现的物联网应用需求。

其特点包括低功耗、低成本、广覆盖、远距离传播，不足之处在于牺牲了速率。例如，在环境复杂，有很多高楼大厦阻挡的情况下，其传输距离仍然能达到5公里以上。在简单、空旷的地区，其传输距离更是达到40公里以上，有很强的穿透性。LPWAN支持窄带数据传输，成本较低；且由于牺牲了速率，所以整体上其功耗也会特别小，这就意味着不用频繁地更换电池。

因此，LPWAN非常适合在诸如智能抄表、市政管网、路灯、垃圾站点等公用事业，大面积的畜牧养殖和农业灌溉，广布局且环境恶劣的气象、水文、山体数据采集，矿井和偏僻的户外作业等领域使用。

在LPWAN中，比较主流的技术标准有：NB-IoT、LoRa、Sigfox、eMTC。其中最突出的就是NB-IoT，这项技术也是华为的一大强项。在NB-IoT的标准制定中，华为贡献了最多的标准提案，位居全球第一。

NB-IoT除了速率之外，其他方面都表现优异。

首先，NB-IoT牺牲了速率，却换回了更低的功耗，这样的设计使得终端的待机时间将会很长。据称，在NB-IoT网络中，一些终端的待机时间可达10年。

其次，在信号覆盖方面，NB-IoT有更好的覆盖能力，就算埋在井盖下面的水表，也不影响信号收发。另外，在连接

第 三 章

物 联 网： 引 领 万 物 互 联 时 代

数量方面也远超4G的表现。此外，NB-IoT通信模块成本低，每模组最低能控制在5美元内，能满足大批量采购和使用。

物联网分析公司Berg Insight预测，到2023年，全球低功耗广域网设备出货量将超过20亿台，其中基于NB-IoT设备占比将超过一半。

中国政府一直大力支持NB-IoT网络的发展，为此指定划分专门的频谱，推动行业标准的规范化。2017年，NB-IoT实现规模商用。2020年，其在我国已经突破了1亿联接数，迸发出强大的生命力。电信、移动、联通三大运营商都推出各自的NB-IoT商用网络，建立了大量NB-IoT基站，也公布了资费标准和套餐。

华为这些年也一直在为NB-IoT积极布局，努力助推NB-IoT标准化的进程。在华为物联网的"1+2+1战略"❶中，"2"是指两种网络接入，即有线接入和无线接入，如敏捷物联网络和eLTE/NB-IoT/5G等方式。可见，NB-IoT在华为物联网体系中，起到关键的联接作用。

从NB-IoT立项开始，沃达丰、华为、爱立信、高通四家公司共计贡献了3205项技术提案，获得通过的提案总共有447项。其中，华为贡献提案1008项，占比31%，并有184项

---

❶ 第一个"1"是指物联网终端操作系统，例如Huawei LiteOS和物联网芯片Boudica。"2"是支持有线和无线接入方式，比如3G、4G，以及NB-IoT和5G、敏捷物联网络等。最后一个"1"是指云化的物联网平台，可以进行数据的收集、管理、处理和分析，并向第三方应用开放。

获得通过，占已通过提案的41%。华为贡献了最多的标准提案，位居全球第一，展示了强大的标准与概念领导能力，使中国在基础通信领域的话语权得到了极大的提升。

与业内其他巨头的合作加重了华为在物联网领域的分量。例如，华为在2014年就与沃达丰共同提出NB-M2M，并在2016年成立NB-IoT开放实验室。再比如，2015年，华为与高通发布了一款上行采用FDMA多址方式，下行采用OFDM多址方式的融合NB-CIoT（Narrow Band Cellular IoT）解决方案。到2020年为止，华为已在全球与中国移动、中国联通、德国电信、阿联酋Etisalat、韩国LG U+、意大利电信和沃达丰以及华为上海研究所成立"7+1"个NB-IoT开放实验室。这些举动都帮助华为奠定了物联网领域的地位。

突破16——物联网芯片

要实现万物互联则离不开物联网的大脑——芯片。物联网芯片并非单一产品，在众多物联网芯片中有多种维度分类，单从功能属性上来区分，可以分为：安全芯片、移动支付芯片、通信射频芯片、身份识别类芯片等，由于其功能属性的不同，故其承载的使命也不同。例如，安全芯片是人们在不得不面对信息安全隐患时，起"保险柜"作用的一款产品，最重要的密码数据都存储在安全芯片中；身份识别芯片通过对声音、指纹、视网膜等人体特征或者签名、行走的姿态等行为来完成识别任务。

华为在物联网芯片方面的成果以Boudica系列芯片为代表。这是华为面向IoT领域推出的业界首款NB-IoT芯片。2019年10月，华为海思Balong 711问世，可灵活应用于工业路由、车联网、新零售、共享经济等传统及新型领域，具体包括共享单车、POS机刷卡等。

华为海思的物联网芯片应用广泛，华为内部也靠着加"芯"的技术，实现了智慧办公。华为一共有几十万件固定资产，在没有给这些资产加芯片之前，每位华为员工名下都有三到四件资产需要管理。但这样的做法带来不少麻烦，比如员工工作调动后资产如何调动等问题。而且每年资产盘点都极其复杂，流程极长，还不能保证正确。据统计，华为每年资产丢失、盘亏等直接损失达数百万美元。

为此，2014年年底，华为开始对公司贵重资产安装物联芯片，开启了资产物联之路。资产物联，简单说就是让物品"开口说话"。采用RFID技术，通过在设备上内置物联芯片，就能定位资产的位置，掌握其使用情况并主动上报。华为还专门建立资产物联管理与应用平台，将资产上报的信息统一管理和应用。到2017年，物联网络覆盖华为18.6万项固定资产，总价值超过140亿人民币。在大约三年时间里，华为的研发体系以及制造部门实现1000多项资产共享，节省仪器采购费用2.5亿元[1]。

---

[1] 曾超.一颗芯片连万物[EB/OL].2017-04-27[2022-02-22].https://xinsheng. huawei.com/next/#/detail?tid=6794497.

突破17——云计算

20世纪初，在纽约，有一种工作是将街边的汽油灯在同一时间点亮，再在早上同一时间熄灭。由于路灯数量众多，又只靠人力，所以需要的人工非常多。但后来，这些汽油灯都换成了路灯，在电网中统一管理，不再需要人工每天去操作。而在今天，很多基础设施都无专人管理，但每一大片区域仍然需要极少数人工维护。未来，进入更智能的阶段，万物都会像曾经入网的路灯那样接入云端，被云管控。

从Cloud&AI BU到Cloud&AI BG❶，名称的变化足以说明，华为一步步提升云在公司的战略地位。华为云Cloud&AI的定位是成为数字世界的底座。为了实现这个目标，华为云提出了"一云两翼双引擎+开放"的生态目标。其中，"一云"是指华为云，具有安全可靠的特性。其目标是赋能生态伙伴，像黑土地一样滋润伙伴成长，并为世界提供普惠的算力。

那么，华为云具体是如何使能合作伙伴的呢？可以看一些例子。

2016年，德国电信选择华为的云服务，包括华为硬件和软件产品，以及公有云和私有云的全套云服务。这开启了德国数字发展新阶段。华为致力于将这次合作作为范本和行业标杆案例，使其影响力辐射整个欧洲，来争取更多的商业合作。

---

❶ BU（Business Unit），即业务线，产品线；BG（Business Group），即事业群。

华为还为法国第一大电视台TF1提供媒体云解决方案，助力这家传统电视台媒体加速走向全媒体时代。在升级华为的云解决方案以后，其共享数据访问效率提升了90%，编辑记者可以即时实现信息共享。由此，从搜索、获取新闻信息到制作出新闻内容的时间大大缩短，新闻播放的时效性大大增强。

在国内，深圳前海鹏元数据技术有限公司是华为的合作伙伴之一。作为一家初创公司，在数据信息化建设时，资金是考虑的一大主要因素，怎样利用有限的资金，建设更安全、周期更短、业务上线更快的系统，是巨大的挑战。通过华为云的解决方案，鹏元数据快速实现业务创新，打造出了代表未来的大数据信用风控产品，提高了行业竞争力。

此外，全国领先的生鲜零售商百果园也与华为达成合作。云和AI技术能够助其在扩大规模的同时提高精细化管理程度。利用云和AI技术，双方探索如何打通从水果种植到门店销售的全链路，实现全产业链赋能。在医药行业，华为云则助力传统医药企业九州通，将其之前总是宕机的B2B供应链协同营销平台迁移到华为云上。迁移以后，系统更加稳定，服务延迟大大减少，再也没有发生过宕机事件。

在世界各地，各行各业，都能看到华为云的身影。在智能社会，华为决心和广大的伙伴一起，在全球范围内打造云联盟，让客户接入到华为云，实现通达全球。华为云正朝着"全球5朵云之一" ❶的目标迈进。

---

❶ 全球5朵云指：阿里、亚马逊、微软、谷歌、华为所推出的云服务。

突破18——边缘计算

由于云计算是集中化的，离摄像头、传感器等终端设备较远，所以一般放在云上的计算会面对较长的网络延时、网络拥塞等问题，无法满足实时性要求。而终端设备的计算能力又赶不上云端。由此，边缘计算顺应而生。

在边缘计算技术应用中，需要在靠近终端设备的地方建立边缘节点，云端计算能力通过边缘节点得到延伸，从而解决延时、拥塞、算力等诸多问题。因此，边缘计算提供的最近端服务对于提高物联网服务能力来说至关重要。

2019年，任正非在接受美国财经媒体CNBC记者阿尔琼·哈帕尔（Arjun Kharpal）专访时强调："我们将力争打造世界上最好的边缘计算。"当前，华为的智能边缘平台IEF（Intelligent Edge Fabric）在实际应用中起到了重要作用。

例如，云庐科技携手华为打造出全球领先的工程安全新帮手——结构健康监测物联网大数据平台。类似于医学上的健康监测，结构健康监测可以通过采集数据进行分析，对工程建设安全进行诊断，并提供解决方案。通过分析全过程的监测数据，云庐科技能及时发现工程中的问题，避免或减少工程质量和安全事故的发生。

其中，数据采集是关键一步。传统的数据采集需要一台光纤传感器，将数据传输到采集设备，再接到现场主机，传到云上，部署比较复杂，而且成本较高。在华为的助力下，

第 三 章
物 联 网： 引 领 万 物 互 联 时 代

157

其数据采集和处理能力都得到极大提升。采用华为的边缘计算模块，则可以减少三分之二的无效数据传输，并将有效数据传输提高50%以上，从而让数据得到及时处理，系统响应速度得到提高。这样一来，工程中的安全隐患得到及时解除。

突破19——操作系统

操作系统（Operating System，简称OS）是管理控制硬件与软件的终端程序，能将底层硬件与用户联接起来，支撑其他软件运行。

常见的PC端操作系统有Windows、Linux、MacOS等，移动端操作系统有安卓、iOS等。

PC时代，微软Windows操作系统成为霸主；移动互联网时代，成就了谷歌的安卓和苹果的iOS。随着物联网时代的到来，面对全球几十亿等待接入的智能终端，传统操作系统已经落后，行业中亟待一个能够引领时代的操作系统，赋能物联网行业，实现真正的万物互通。

拥有自己的操作系统成为拓展物联网版图的一个重要举措，也是类似谷歌、微软、苹果等巨头霸占市场的一大利器。由于安卓系统免费开源，所以手机厂商对其进行了很多修改来达到其定制功能的目的。这就导致不同手机设备的安卓系统差异很大。于是，谷歌正在开发适用于物联网，能够解决碎片化缺点的全新操作系统Fuchsia。

而走在物联网时代前列的华为，自然要勇于开拓版图，进入操作系统研发的新领域。

● 轻量级 Huawei LiteOS 完美过渡

华为曾预测，到2020年，物联网设备数量连接将会接近1000亿，新部署的传感器速度将达到每小时200万个❶。然而，面对着上千亿的连接需求，现有的网络却不适应、不够用。物联网需要一个类似安卓的操作系统，来推动行业快速发展。在这样的背景下，一个轻量级物联网终端操作系统Huawei LiteOS诞生了。

从2012年起，华为就有了自主研发的终端设备OS，主要应用在自己的终端产品中，这便是LiteOS的原型。之后，穿戴市场兴起，华为又将其推广到手环、手表等可穿戴设备，并推出全新的操作系统LiteOS。LiteOS 99%以上的代码是由华为研发，没有任何知识产权的问题。

在华为"1+2+1"物联网战略中，就包括建立物联网平台。华为希望通过开源、开放，将LiteOS打造成像安卓一样的物联网终端操作系统，聚集大量的软件开发者。

基于LiteOS，华为和包括运营商在内的各行业伙伴展开

---

❶ 张建国. 基于区块链智能合约的物联网设备访问控制研究 [D]. 兰州交通大学，2020.

密切合作。因此，LiteOS系统除了支持华为自身的物联网联接管理平台OceanConnect以外，还拥有多平台互动能力。例如，华为已和一些厂商、家电企业达成合作，推出了一批开源开发套件和行业解决方案，帮助众多行业客户快速地推出物联网终端和服务。

共享单车就是LiteOS成熟应用方案之一。

华为的NB-IoT应用方案主要用于共享单车车锁系统。当人们打开车锁时，手机APP开始计费；关闭车锁时，手机APP会结束计费。关锁过程中，OceanConnet平台接收到NB-IoT模块发出的信号后，就会告知单车的云平台。单车云平台再将信号发送到用户手机，完成关锁计费。

该路径早期采用的方案特别费电，车锁需要经常换电池。NB-IoT/LiteOS方案解决了这一问题。NB-IoT的低耗能使得现在共享单车车锁电池平均可以连续工作26个月。另外，开发效率也大大提升，过去要一个月，现在用两周就能完成。

除此之外，LiteOS在水产养殖上也有成熟案例。

水产养殖的工作非常艰苦，而且有一定危险。除了定期检查水产养殖情况外，不管春夏秋冬，工作人员都需要半夜巡塘，拿着手电筒到池塘边查看鱼虾蟹的生活状况。对于规模化的养殖基地来说，工作量不小。

LiteOS的合作伙伴亿琪软件推出渔家宝解决方案，实现7×24小时不间断监控，实现远程控制，大大减轻人员的工作量。同时，该方案还可以通过大数据分析，为养殖户提供辅助决策支持。

在具体操作中，会将各类采集终端安装在池塘边，便于从空气和水中全方位收集数据，再汇总到控制箱。之后，集中的数据通过2G/3G/4G或NB-IoT网络，上传至智慧水产养殖云，进行统一分析处理。该方案在移动式和野外传感器中集成了LiteOS，运用其开放能力，快速与外部设备对接。此外，在控制箱内也集成了LiteOS，以节省开发成本和网络使用成本。同时，LiteOS功耗低、省电，与手机电池1/3电量相当的电量就能让设备运行长达1年。

应用渔家宝方案后，养殖户足不出户即可掌握水产环境状况，不用再担忧水质变化无常等问题。在遇到养殖问题时，还可以与在线专家进行咨询沟通。渔业管理部门通过后台管理系统的大数据分析结果，为区域内养殖户提供政策指导，为水产品的销售提供帮助。

LiteOS已经在物联网场景中有所应用，但华为的目标却远不止于此。华为真正想要的是能超越安卓，在物联网时代扛起链接亿万终端，真正互联互通，实现万物智能的完整操作系统。就这样，鸿蒙诞生了。

● 重量级鸿蒙应势而生

2019年8月9日，华为在东莞松山湖对外发布了华为自研操作系统"鸿蒙"，并率先用在智慧屏产品上，这是华为唯一生产的大型家电。

鸿蒙OS包含了LiteOS-a（支持MMU、MPU的高端芯片）和LiteOS-m（微控制器），之前开源的LiteOS基本上相当于这次开源的LiteOS-m。二者的关系可以类比于Linux发行版和Linux Kernel的关系，前者是一个完整的OS，后者只是内核。

按华为说法，鸿蒙是基于微内核的全场景分布式OS，能够同时满足全场景流畅体验、架构级可信安全、跨终端无缝协同以及一次开发多终端部署的要求。

华为消费者BG CEO余承东表示："随着全场景智慧时代的到来，华为认为需要进一步提升操作系统的跨平台能力，包括支持全场景、跨多设备和平台的能力以及应对低时延、高安全性挑战的能力，因此逐渐形成了鸿蒙OS的雏形。"

从华为给出的描述来看，鸿蒙OS有以下特点：

第一，微内核小巧灵活，兼容性强。

例如以灯泡为代表的弱设备，只需要完成开关和调光等基本功能，并不需要过于强大的软硬件能力。这时候，Linux这样的宏内核系统就过于庞大笨重。而鸿蒙OS采用的微内核设计十分轻小精简，简化内核功能，仅提供开关、调光这样的调度和内存管理服务，其兼容性、扩充性、安全性、灵活性都优于其他设计。以汽车制造为例，宏内核好比是一台完整的机车，而微内核只有核心发动机，其他零部件按需组装。

第二，分布式架构支持跨终端无缝协同体验。

对于开发者来说，在分布式架构下，可以聚焦于某个业务，不被其他技术干扰。同时，开发难度降低，实现一次开发多端部署，即一个应用可以跨终端使用。而且还能让这些设备自由组合，协同工作。例如，通过鸿蒙，可以把智能手表、电视、摄像头临时组合起来，进行视频通话等功能。

第三，方舟编译器提升运行效率。

2019年4月11日，华为消费者BG CEO余承东在华为P30系列手机的发布会上把编译器作为一大亮点来介绍。方舟编译器原名MAPLE，是所有编程语言和芯片处理器的架构。现实中，想让机器读懂人类情感，就需要编译技术这个"翻译"来作桥梁。方舟编译器就是这样一个桥梁，它实现了将C、Java等高级语言转换为机器能读懂的低级语言的功能，将彼此之间的沟通障碍消除，让机器"听话"。在方舟编译器的支持下，多语言被编译为一套机器码，大大降低了开发难度，并且提升了系统运行效率。

2009年，华为在启动5G研究时就同步创建编译项目组。2014年，随着众多海外专家加入华为，方舟项目正式启动。2019年8月31日，华为方舟编译器开源官网正式上线，并首次开放了框架源码，标志着鸿蒙OS启动开源第一步。未来，方舟编译器将实现完整开源，其目的是想要将全球开发者与合作伙伴的智慧聚集起来，实现产业升级和创新。

第四，满足全场景需求。鸿蒙OS能够覆盖所有硬件，实现全场景应用。按华为的解释，全场景是指"1+8+N"❶，

---

❶ "1"指手机；"8"指8种智能设备，包括PC、平板、智慧屏、车机、耳机、音箱、手表、眼镜等；"N"指更广泛的物联网设备，比如工业物联网设备、出行物联网设备等。

第 三 章

物 联 网： 引 领 万 物 互 联 时 代

不仅包括手机、耳机、眼镜这样的智能设备，还包括工业、自动驾驶、远程医疗等各行业的场景。通过鸿蒙OS，多种语言可以被方舟编译器翻译成统一的代码，开发者就可以用统一的代码开发出兼容多终端的软件，这些软件能做到自动适配，面向全场景的硬件设备。

可以用一个例子来说明。在以前，想要把不同的设备组合起来实现某个需求，就必须为此研发一套系统。例如一个视频会议系统，它需要专门的摄像头、服务器、软件。而且在应用时，需要在不同场所，例如主会场、分会场，分别部署后，才能统一调整和使用。但有了鸿蒙以后，用户调用摄像头、服务器和定制的软件可以像调用同一个设备那样工作。鸿蒙从软件层面，把设备上各硬件能力模块化，开发者可以通过替换或重组模块，完成全新的任务，而不需要在物理意义上把设备拆解成独立硬件。

这样的模块随机组合还有很多适用的地方。比如，家里有人到访时，用户如果在客厅看电视，大门的监控画面会传到电视屏幕上；如果在其他房间，就会传到电脑屏幕上，或者手机、手表屏幕上。又或者用户在清扫房间时，打开了一首音乐，当他进入不同房间时，音乐会自动切换到对应的房间播放。当他离开家，打开车载音响，音乐还会接着播放。

鸿蒙OS的推出将为物联网全场景时代带来更美妙的体验。届时全球开发者参与到鸿蒙OS的生态建设中，将创造消费领域的全场景智慧化体验。

第三节 | 应用层激活技术

智能手机的应用普及，刺激了人们对技术进步的需求。当手机功能从打电话、发短信拓展到玩游戏、看视频、监测健康等功能之后，人们的生活已经离不开它了。用户需求在不断升级，当技术能够满足三分钟下载一部电影之后，用户还想要体验一秒钟完成下载的快感。为了满足他们的应用体验，技术"被逼"快速升级。任正非曾说，苹果手机救了华为，意即智能手机这一终端应用推动了管道容量的扩大。

可以看到，在技术商业化进程中，应用层发挥着重要的激活作用。首先，技术投入应用后能够被快速验证可行性；其次，技术需要在应用中迭代更新，达到最佳；第三，应用需求能够倒逼技术加速进步。因此，应用层建设不容小觑。

具体到华为来说，在物联网时代，华为针对企业、政府、个人消费者推出不同的应用产品和服务。在面向个人消费者的终端领域，除手机之外，增加了手表、手环、耳机等智能穿戴设备，以及家居用品，尤其值得期待的是全新的车联网产品。而在政府和企业层面，华为将有更大突破。包括智慧政府、智能制造在内的物联网工程都将带来系统性改变。

2B领域：赋能企业智慧化

华为面向企业提供物联网产品服务，为企业智慧化赋能。

霍尼韦尔作为一家多元化高科技和制造并行的企业，具有先进的控制技术，积累了丰富的实际建筑控制应用经验，在建筑控制等领域已经深耕超过百年。即使是这样一家大企业，在物联网时代到来时，也不得不直面必须从传统企业向数字化企业转型的历史必然。为此，霍尼韦尔选择与华为强强联手，从多个领域进行战略合作，携手推动企业全球数字化进程。

在智慧建筑方面，霍尼韦尔旗下全资子公司Tridium与华为共同开发了一款智能网络控制器（AR502），基于行业领先的物联网中间件技术平台（Niagara Framework），实现了建筑中各种设备和系统的连接，以及信息实时共享。这项技术提高了相应场景的作业效率，并节约成本。

华为提供基于eLTE无线技术的无线气体检测系统，霍尼韦尔提供气体检测技术，强强联手组成一套先进的气体检测、预警以及分场景。这个场景全面覆盖传感网，这样就能够实时地感知气体，对气体进行监测和预防，用一个物联网场景为工程安全管理护航。除了这种情况，还适用于石油炼化、化工、制药及市政工程等行业，以及有毒气体和爆炸性气体等危险气体的场景。

除了智能工厂建设，华为与霍尼韦尔还在智慧建筑上展开合作。这一次，华为提供新一代物联网接入路由器、AR物联网技术、eLTE-IoT物联网解决方案等一系列ICT技术。霍尼韦尔则提供自动化控制技术。再加上华为在智能楼宇和智慧城市建设中的丰富经验，双方打造出一套先进的物联网应用解决方案，该方案包括建设智能楼宇、智慧园区、智慧城市等领域。运用这套方案，智能楼宇管理系统将变得更绿色节能、安全高效。

之后，双方在中国、东南亚、西欧、中东等市场展开合作业务，深入企业园区、商业楼宇和工业园区等垂直领域。技术上的开放合作不仅开发了新市场，还提升了彼此的竞争力。

制造业也面临智能化转型。传统制造业的生产环境复杂，存在流程复杂、人工成本高、安全隐患等问题。为了应对挑战，制造业开始向智能制造转型。

华菱湘钢是国内钢铁生产的龙头企业。其中，精品中小棒特钢生产线计划是其智慧工厂的重点项目之一。原计划该项目2020年5月份完成提质改造，但由于受到全球新冠肺炎疫情的影响，德国和奥地利技术人员无法到湖南进行技术服务。

为了不让距离耽误项目进程，华菱湘钢选择通过以华为高速率、低时延的先进5G网络技术为基础，外加AR技术以及高清全景摄像头搭配，开通一条跨国专线，搭建了智能工作场景。通过5G+AR的配套协作，位于中国湖南湘潭的华菱湘钢的工程师把现场工作环境视频和第一视角画面传递给位于德国和奥地利的合作工程师，外国工程师根据视频画面进行现场研究，实时标注、冻屏标注、桌面共享，帮助华菱湘

第 三 章

物 联 网： 引 领 万 物 互 联 时 代

钢的工程师进行生产线装配工作。

除了这个重点项目以外，华菱湘钢为了构建智能工场还和华为一起进行了其他尝试，包括打造"5G+智能加渣机器人""5G+智慧天车"等，这些都是基于安装在华菱湘钢厂内搭建的76个5G基站连成5G网的物联网智能项目，这些项目应用到传统工作较为危险或人工难以完成的场景中，不仅提高了工作效率和产品质量，而且提升了工厂中工作的安全性，极大地改善了工人的工作环境。

2G领域：技术让城市更美好

2G物联网主要受众是政府。其中，智慧城市是2G的主要场景，也是数字经济的核心载体。随着大数据、AI、云计算、物联网等技术日趋成熟，面对更进一步打造智慧城市这一问题，华为提出了"1+1+N"的智慧城市建设思路，即"一个城市数字平台+一个智慧大脑+N个智慧应用"。其目的是将华为的物联网方案用到合适的地方，真正解决政府业务服务和城市应用服务的痛点，助力数字经济的发展，从根本上提升人民的生活水平。

城市的迅猛发展和快速扩张，除了让生活更加便利之外，也给人类生活带来了交通拥堵、能源短缺、环境污染、自然灾害和突发事件频发等许多问题。打造智慧城市能在一定程度上缓解这些矛盾。华为的理念就是帮助城市更好地走向智慧化，构建万物互联的智能世界，实现城市兴业、善政、利民的美好愿景。

深圳是我国改革开放的前沿阵地，是经济发展的排头兵。在智慧城市建设中，深圳在全国乃至全球的发展也名列前茅。而在这些成就的背后就有华为的身影。华为已为其打造超过40个系统，覆盖城市生活的方方面面。在华为的助力下，深圳从底层到上层形成了城市智慧大脑。

首先是地铁的全天候智慧巡检。以前的铁路隧道里，总是有工人拿着手电和榔头边走边敲，这在铁路交通行业里称为巡检，目的是保障铁路安全，能及时发现安全隐患，但效率非常低。经华为改造以后，5G可以把视频回传，接着用人工智能分析视频，找到问题根源。不仅仅是地铁、桥隧轨道，传统行业中，那些需要做大量人工检测的产业，也可以用相同的方式进行改造。

全国首例5G车地互联的地铁也是华为为深圳打造的。以前，地铁上的行驶数据等只能下载或者拷贝，然后才能拿到地面上进行分析，地铁运营方才能对列车设备、列车状态、隧道与乘客等情况进行监测。中间一折腾，就浪费不少时间。由于存在时间差，分析的情况往往跟不上实际情况的变化。华为为深圳地铁配备了5G回传技术，大量数据在极短时间内就能下载下来，地面就可以开始同步分析，大大减少时间差，提升了效率，解决了实际问题。现在到站网络自动对准自动开始回传，不需要人工干预，视频分析、车辆检修都可以实时完成。

第 三 章
物 联 网：引 领 万 物 互 联 时 代

169

华为的服务还进入了中国的县城。山东高青，隶属于淄博的一座县城。它虽不为大众所熟知，但是却是一座全国至今为数不多的县级智慧城市。2016年10月14日，高青县政府与华为签署了战略合作协议，具体包括"1个中心、2张网络、4个平台、N个应用"❶。

在大数据平台上，可以看到高青每块土地的土质、水质以及气象数据等。哪块土地适合种植水稻，哪块土地适合种植西红柿，哪块土地适合饲养黑牛，都标识得清清楚楚，由此提升农产品品质以及养殖规模。

除农业之外，远程抄表、智慧水务、智慧环保和智慧健康等场景也在高青得到覆盖。例如，对机械水表进行智能化改造后，不仅节约大量成本，而且将抄表频率从每月缩短至每天，管网漏损等故障也能够被及时发现。

2018年，高青县在全球智慧城市博览会上获得"数字化转型"大奖和"2017年中国智慧城市示范城市"大奖。而高青的智慧城市建设方案也被推广到更多城市。

在海外市场，华为也为许多政府提供服务。从2000年起，华为就开始为电力公司提供ICT解决方案和服务，还合作过包括世界前十名的七家电力公司，覆盖亚洲、俄罗斯、

---

❶ "1个中心"即智慧高青云计算中心；"2张网络"即eLTE无线集群专网和物联专网；"4个平台"是指大数据平台、地理信息云平台、通信和视频融合平台以及物联网平台；"N个应用"主要包括政府治理、民生服务、产业发展3类应用。

拉丁美洲，甚至非洲。在智能时代，华为的服务持续进行。

Ikeja Electric是非洲最大的配电公司，位于尼日利亚。在业务扩张中，Ikeja Electric面临种种问题，包括收费难、收费慢、窃电难查、手工抄表低效、线路问题难查等。2015年，华为针对Ikeja Electric的难题，提供了整套"AMI解决方案"。

AMI项目采用宽带PLC通信技术，让电表更加智能化。例如，针对窃电问题，提供开盖警告、强磁场警告等检测方式；针对收费难问题，提供有通信功能的预付费智能电表。部署AMI后，管理更加可视化，运营更加智能化，客户利益得到提升。例如，客户的应收电费回收率大幅提升40%，窃电事件减少90%等。

除了智慧城市，智慧医疗也是2G的主要场景之一。

Biruni大学是土耳其最大的综合医科大学，2016年还成立了Biruni大学附属医院。从医院、诊所到公共卫生管理机构和大学，每天都有海量的数据产生。想要充分释放这些数据的价值绝非易事。如何保证组织人员迅速接入各系统，高效实现数据的收集、交互、管理和分析，进而帮助提升教学体验和改善病患护理效率，成为该机构ICT建设的新挑战。

华为和合作伙伴DT Technology赢得该项目。双方都具备丰富的项目经验，同时，华为的设备能够满足该项目的关键需求，专业的项目服务支持也包含在内。

经过认真考量，Biruni大学最后选择了华为的服务器、全闪存存储以及虚拟化产品，让数据备份和容灾更灵活、快速、高效、可靠。华为和DT Technology共同满足了Biruni大学的

第 三 章

物 联 网 ：引领万物互联时代

各类ICT需求，为其建立了一个可持续的、可靠的基础设施，能够在整个大学和附属医院的生态系统中快速获取安全和准确的数据。此后，附属医院能够专注于治疗病患，而大学可以专注于研究，两者之间的沟通协作变得高效便捷。

2C领域：改变每个人的生活

5G时代，2C应用延续4G时代的火热，而且更加丰富多样。除手机之外，华为增加了手表、手环为代表的穿戴设备。但这些只是一小部分。智慧家居和智慧出行才是更大的市场。

家居、出行与人们生活工作的连接最为紧密。这两大领域也是华为的重点布局。在2019年6月27日，任正非签发华为组织变动文件，确定新成立智能汽车解决方案BU，以顺应人们新的出行与信息自由需求，以及未来ICT将与汽车行业融合的大趋势。在此之前，华为的汽车业务都归属于企业BG。新成立的智能汽车解决方案BU，直接隶属于ICT业务组织，包括智能驾驶、智能座舱、智能网联、智能电动和智能车云五大部门。这足以证明华为对智慧出行的重视，也标志着它在2C领域的智能化积极探索。

● 智能让家更温暖

清晨，伴随着一曲悠扬的音乐，你睁开了惺忪的睡眼，空调已经自动开启，房间也被调节为最合适的温度。音响在播报完今日的天气之后，打开了每日晨报，一声令下之后，窗帘缓缓拉开，第一缕阳光洒在房间中，厨房里的早餐也已经加热完毕……这一切听起来像是十五年前的科幻小说中存在的剧情，但在物联网的时代，这些都能成为现实。

以上情景代表着智能家居时代悄然而至。物联网的崛起对人类生活的影响体现在方方面面，而其中低成本传感器和无线技术在智能家居中体现得淋漓尽致，气候控制、照明自动化和消防安全，都在彻底改变人类生活的室内环境。智能家居可以定义为一个过程，也可以定义为一个系统。它属于智能穿戴设备下的一个支类，以家庭住宅为平台，通过网络通信和自动化设备，打造舒适、便利、高效的居住环境。

2019年3月14日，华为在上海举行的"真生态臻品质"生态大会上宣布："华为IoT生态战略将全面升级为全场景智慧化战略，为行业打造丰富多彩的智能家居生态系统。"虽然华为此次高调入场智能家居，但华为也明确表示，他们不做行业的掠夺者，而是要做行业的赋能者。华为在智能家居领域，只会提供HiLink平台、产品芯片、解决方案等，帮助传统厂商迅速转型，而不会亲自涉足家用电器的生产制造。

围绕"使能合作伙伴"这一定位，华为将自己的技术优势与合作伙伴的专业技能相结合，打造良性生态服务环境。智能家居产业的痛点之一是面对众多的智能家居产品，各类产品互相之间无法形成互联互通，各个企业各自为政更是让问题更加凸显。造成这一情况有两个原因，一是各品牌出于

第 三 章
物 联 网 : 引 领 万 物 互 联 时 代

自我保护的目的不会对外开放接口，这让产品之间无法兼容；二是缺少行业统一标准，这导致即便开放接口，系统之间也互不兼容。

HiLink正是针对这一痛点所推出的平台。它可以兼容业界通用的WiFi、Zigbee以及蓝牙等连接协议。如果把不同的产品比作使用不同方言的人群，华为HiLink就是制定了一个统一标准，所有的产品都要以通用的"普通话"来进行交流。这样，各产品之间就可以进行无阻碍互联互通，产品的智能化体验感也随之提升。

截止到2019年，HiLink已经接入了100多个品类、150多家合作厂家、覆盖的产品达到500多款，有4000万家庭在华为的生态平台中活跃。HiLink对技术标准、入口标准、协议标准等进行统一，成为家庭智能硬件的聚集平台。未来，随着智能家居的消费观念逐渐形成，华为HiLink将有更精彩的表现。可以想象，在智能家居环境中，生活的烦琐将被化简，人们的幸福感大大提升。正如华为HiLink的宣传词一般："智慧引领生活，华为HiLink带你走进智慧生活时代，畅享每一刻舒适惬意的全场景智能生活。"

● **让汽车变得更聪明**

在物联网到来之前，很少会有人能将"华为"和"汽车"联系在一起。但万物互联的神奇之处就在于一家通信公司有一天和汽车制造关联到了一起。

自2019年4月16日华为首次在上海国家会展中心的车展上亮相后，华为与汽车之间就产生了一种联系。外界都在猜想华为的出现究竟会对汽车产业带来什么影响。华为则明确指出，自己不造车，而是专注于帮助其他企业造车，并将自己定义为"面向智能网联汽车的增量部件供应商"。在传统汽车生产领域，华为不具备优势，所以它将主攻方向锁定在智能网联电动汽车上。

在信息通信技术发展的未来，任何图片、文字、视频流都将在不同设备上流转切换。就出行来讲，据统计，目前一个人平均每日消耗在出行场景的时间大约有两个多小时。因此，如何保证图片、文字、视频在手机和车机以及车内设备上的无缝流转，成为提升消费者体验感的关键。

基于用户需求，HiCar系统顺势而生。该系统是基于MDC（移动数据中心）的车载计算平台和智能驾驶子系统解决方案，搭配4G/5G车载移动通信模块和T-BOX及车载网络，实现与汽车的智慧连接。通过将手机与汽车相连，HiCar系统能实现算力、资源共享。在驾驶中，华为手机可与汽车主机连接，进行音乐和视频的同步播放。此外，可以用华为手机远程控制车锁，还可以视频监控车内状况。同时在华为人工智能的协助下，汽车还能实现更多的功能，比如远程控制智能家居电器，通过智能手表测出的数据可以判断驾驶者健康状态，车内摄像头实时监测疲劳并给予提醒等。

在此之前，大部分汽车只支持USB连接方式或者蓝牙连接方式，不仅连接方式麻烦，还缺乏整体性。另外，不同厂

第 三 章

物 联 网： 引 领 万 物 互 联 时 代

家的系统操作界面都各做各的，标准不一，交互体验也不好。HiCar系统的出现，很好地解决了这些方面的问题。

截至2020年，HiCar已与全球20多家车企达成合作战略，并在150款车型上搭载使用。到2021年，华为HiCar系统预装车辆超500万台。

虽然就目前来讲，HiCar系统并不算完美，甚至有人认为这只是一个"大号智能手机"，不仅烦琐而且多余。但这既是华为的一次尝试，也是传统汽车行业的一次突破。未来的HiCar系统能给人们带来什么，仍需要时间验证。

第四节
突破20——未来驶向人工智能

华为几乎已经成了"5G"的代名词，但实际上，5G对于华为而言只是通信发展的必经阶段。5G能够支撑的人工智能（AI）才是大产业。

自AI算法在ImageNet❶等基础算例上的识别准确度超过人类开始，各大科技巨头意识到——AI是未来发展的大趋势。而当公众意识到AI技术对未来生活的重要性时，科技巨头早已纷纷入局。由于AI对算力有非常高的要求，所以有助于云服务商抢占先机。以国外三大云服务巨头谷歌、亚马逊、微

---

❶ ImageNet项目是一个用于视觉对象识别软件研究的大型可视化数据库。

软来说，他们在AI各领域已经布局颇深。

谷歌公司是最早进入AI领域的科技企业之一。在算法积累、自研芯片和框架方面有着显著优势。其自主研发的Alpha Go人工智能平台在2016年的时候击败当时的职业围棋选手冠军，作为学术成果并发表在自然杂志上，引起全世界对AI产业的关注，引爆了AI产业的大发展。谷歌积累了深厚的算法技术，最新的自动学习算法AutoML成为AI领域的最高能力。再加上自主研发的AI芯片TPU，以及颇受欢迎的谷歌AI开发框架TensorFlow，打造出最具竞争力的谷歌云。

亚马逊也是最早制定AIoT发展路线的公司之一，其AWS云服务的高市场份额、IoT终端以及海量应用场景都是独特优势。2014年，亚马逊就推出智能音箱Echo，抢占AIoT入口。2018年推出了AIoT产品，将部分AI模型集成到亚马逊的AWS云平台上，可以应用于制造、医疗、安防等多个场景。

微软的优势在于AI算法积累，并在语音与图像领域颇有成果。例如，微软Azure能解决大多数计算机视觉相关问题，支持各类语音识别及自然语言处理应用。

面对巨头企业的强势来袭，华为对于进军人工智能领域有自己的思考。AI作为当今科技界技术风口，拥有许多潜在机会和广阔的市场空间。还能将华为ICT、消费电子、IoT、云服务等业务连接起来，拓展业务领域，配套自家产品，提供更全方位的服务。

华为认为，人工智能将给社会提供更高的效率，国家会

第 三 章

物 联 网： 引 领 万 物 互 联 时 代

因为人工智能发生翻天覆地的变化。面对人工智能带来的改变，未来国家的发展将会取决于行业成熟性和算法、算力、基础设施的提供，比如超级计算机、超大规模的系统等。

纵观华为AI的全线产品，在硬件方面，打造了昇腾系列AI芯片，并通过与鲲鹏、麒麟等芯片搭配使用，推出了泰山服务器、Atlas AI计算平台、Mate手机终端和MDC智能驾驶平台等集成化硬件产品。在软件方面，以华为云为基础，构建了多个AI平台。这些产品和解决方案已经运用到交通、医疗、制造等多个行业场景中。

相较于国内外几家科技巨头，华为在AI领域是后进者。但因其自身的技术积累、资金支持以及生态，再加上借鉴吸收了行业内领先企业的发展经验，所以在AI领域上形成了一定优势。

首先，华为在全栈行业解决方案上占据优势。即便是具有领先优势的谷歌，其全栈技术产品也止步于芯片、框架、平台，并未构成完整闭环。而华为的方案既包括芯片、框架等，也提供云、边缘计算、物联网行业终端等全场景的部署环境。这样的能力除了让方案更高效之外，还为客户节约成本。

其次，华为在云服务器与手机终端市场上有规模优势。在AIoT时代，手机是天然的AI平台导流工具。到时，所有的华为终端使用者都将成为华为的用户基础，为华为的AI业务导流。同时，华为也早已开启HiLink等物联网平台为AIoT战略铺路，这些优势能够让AI项目更好地落地。

第三，华为涉足丰富的AI领域。自宣布进军AI领域以来，华为没有把眼光局限在安防、语音识别等传统业务上，而是拓展到多元领域，包括养殖业、汽车制造业等。

第四，坚持开放合作的理念，聚合众家力量推动AI生态发展。

2019年，华为推出AI伙伴俱乐部计划，将医疗、零售、教育等领域的伙伴聚合一起，共同构建基于华为云的行业解决方案。例如，华为云与神目信息在零售领域联合构建全方位的智慧商业解决方案。

另外，华为AI平台也在联合各方力量。它并不涉及人工智能的应用功能，而是提供平台来使能AI应用开发者。因此，其应用生态快速扩张。到2020年底，华为已建立起基于AI技术的AI生态，其中"数字虚拟人"技术更是将人工智能推向了一个新的台阶。小到以虚拟人物为核心的影视、游戏产业应用，大到金融、教育、医疗等场景均可成为此技术的落地场景。

根据华为提出的AI愿景，可以看到：智慧交通，提升通行效率；个性化教育，提升教师与学生的效率；实时多语言翻译，交流再无障碍；精准药物试验，降低新药成本，缩短研发周期；电信网络运维效率大大提升；自动驾驶和电动汽车将颠覆汽车产业等。

为此，华为付出诸多努力。

在AI基础技术研究方面，华为一直在大力投入。例如，在计算机视觉领域，华为研发的技术能够让机器像人类一样拥有感知视觉信号的能力，这一能力已应用到智能汽车、智

第 三 章

物 联 网：引 领 万 物 互 联 时 代

能手机、无人机、智能眼镜等领域。

除了基础研究，华为还打造了基于AI技术的平台，赋能第三方应用者。

首先是面向智能终端的人工智能引擎HiAI平台。这个第三方开发者平台能够给开发者提供AI计算库以及API（Application Programming Interface，应用程序编程接口），并帮助他们便捷地编写APP上的AI应用，让更多APP实现智慧化。例如，在抖音上运用HiAI功能，能够实现AI魔法天空。用户在镜头前变换手势，就会切换不同的天空颜色；办公软件WPS在接入HiAI之后，能将图片内容转化为文档材料；搜狗输入法的"输入联想"功能也因为HiAI变得更加智慧，词语联想更加精准。

其次是华为云EI，这是面向企业、政府的人工智能服务平台。具体包括基础平台服务、通用服务和行业场景解决方案三类服务。例如，在供应采购系统中，基于华为云EI，能够实现内部供应链流程优化，打通从供货预测到物流、仓储到报关、运输、签收等各个环节，为企业智能化赋能。具体到供应链流程中，单车提货每增加一个提货点，就多增加一次例外费用，导致例外费较高。通过华为云EI进行提货规划，能够提高车辆满载率、减少出行次数，减少提货的例外费用。规划后节省例外费用超过30%，发货平台的路径时间也大大缩短。

不仅如此，华为还提出了能全方位对华为云EI以及HiAI提供支持的AI解决方案。这个解决方案中，华为云EI专为企业和政府设计，HiAI专为智能终端设计。也就是说，从个人消费者到企业，再到政府，华为都能提供一套全方位的解决方案。

第 三 章

物 联 网 ： 引 领 万 物 互 联 时 代

HUAWEI

第四章

计 算 技 术 :

做中国的英特尔

20世纪90年代至今，计算机技术对世界影响甚大。各种台式电脑、笔记本电脑成为人们工作生活的必备品。以英特尔、IBM、联想为代表的企业顺势崛起。不过，在国内，计算机产业（IT产业）发展主要依靠市场驱动，而不是IT技术的基础软硬件能力。产业发展所需的操作系统、数据库和存储等基础软硬件，仍然要依赖国外企业。

进入21世纪后，中国为保护国家信息安全，脱离国外技术统治，号召国内企业开展一场在计算领域的全面革新，信息技术应用与创新产业随之诞生。深受美国制裁困扰的华为积极加入变革，以"硬件开放，软件开源"为方式，"使能合作伙伴"为目的，和国内企业共同打造属于中国的全新IT生态，助力中国信创产业的发展。

第一节
时势造英雄

华为三十多年的稳定成长，离不开高层管理在关键时刻做出的正确决策。面对美方制裁，华为清楚地意识到短期内很难实现芯片领域的突破。而在国家和政府的助推下，信创产业的机遇值得期待。基于自己原有的技术和资本积累，华为决定强化计算产业能力，以芯片和操作系统为核心，在云计算的统筹下，大胆决策，入局信创产业，试图在重重技术壁垒中，撕开一道通往未来的裂口。

不做"阿喀琉斯之踵"

2020年，在美国多次制裁下，一个全新的产业——信创产业在中国被反复提及。在政府和企业的共同推动下，信创产业一度成为现象级风口。

所谓信创产业，是指信息技术应用与创新产业。信息技术，作为21世纪最为重要的产业之一，是现如今"人工智能""万物互联"存在的基础。其发展水平所造成的影响，早已不只停留在企业之间，而是上升为国家之间技术的较量。

2013年的"棱镜门"事件❶，让全世界所有国家开始意识到发展信息技术产业的重要性。而自2010年起，"震网"病

❶ 2013年，美国前中央情报局（CIA）雇员斯诺登向媒体披露美国国家安全局NSA和联邦调查局FBI自2007年起启动了一个代号为"棱镜"的秘密监控项目，其通过直接进入包括微软、雅虎、谷歌、苹果等在内的9家国际IT巨头的中心服务器进行挖掘数据、收集情报等工作。

毒❶、"WannaCry"勒索病毒❷等几次带有国家背景的网络攻击，充分显示了网络安全在现代战争中的战略性。只需要简单的操作，对于一个国家的经济、工业，乃至国民基本生活都会造成重大影响。

虽然中国IT行业规模巨大，但自IT产业诞生至今，中国一直扮演着参与者的角色，而非产业引领者。我国IT产业的基础软硬件能力处于落后阶段。比如，核心技术极度依赖进口，IT行业标准、架构也均由国外企业所制定。英特尔（Intel）的CPU和微软（Microsoft）的操作系统，共同打造出Wintel（Windows+Intel）体系，凭借先发优势和长期的积累，形成技术壁垒，长期垄断市场90%以上的份额。国际商业机器公司（IBM）的大型机，甲骨文（Oracle）的数据库和易安信（EMC）的存储，共同组成IOE，也在相关领域取得垄断地位。致使中国IT行业长期受制于美国，并成为中国发展道路上的"阿喀琉斯之踵"❸。

---

❶ "震网"病毒是世界首个专门定向攻击真实世界中基础设施的"蠕虫"病毒，伊朗60%的个人电脑，超过3万个网络受到感染，同时还对伊朗布什尔核电站造成严重影响，导致了放射性物质泄漏。

❷ 不法分子利用美国国家安全局泄露的危险漏洞"EternalBlue"（永恒之蓝），在全球近150个国家进行传播，严重威胁到教育、交通、医疗、能源网络等领域。

❸ 阿喀琉斯之踵（Achilles' Heel），原指阿喀琉斯的脚后跟，因是其身体唯一一处没有浸泡到冥河水的地方，成为他唯一的弱点。阿喀琉斯后来在特洛伊战争中被毒箭射中脚踝而丧命。现引申为致命的弱点，要害。

因此，在这个背景下，信创产业也应运而生。信创产业的发展作为一项国家战略，通过建立自己的底层架构和标准，形成自有的产业生态，以实现数据安全、网络安全的目的。具体来说，就是要在核心芯片、操作系统、中间件、数据服务器等基础软硬件上实现国产替代，让它们变成中国自己可掌控、可研究、可发展、可生产的产品。

在人工智能和大数据作为新一轮技术革命崛起的今天，信创产业的发展是经济数字化转型的关键。以此为契机，向操作系统、芯片、数据库、应用软件等基础软硬件的国产化不断进发。在云计算、物联网、人工智能等新技术的加持下，底层能力不断提升，上层业务的拓展和产业边际的拓宽，助力"数字中国"战略的实现。

2020—2022年是信创产业最为重要的3年，一切的变革仍在进行中，中国IT产业基础软硬件能否实现"国产化"还需要时间去书写答案。

中国信创产业追赶史

中国信创产业从无到有的历程，就是计算机基础软硬件的发展过程。从1986年至今，可以划分为三个阶段。

第一个阶段（1986—2013年）：预研。

1986年，"国家高技术研究发展计划"（简称863计划）

启动，中国开始着手发展包括芯片在内的诸多基础技术，展开在科学技术领域的奋起直追；2001年，中芯国际推出首颗CPU芯片"方舟1号"；2006年，国务院发布《国家中长期科学和技术发展规划纲要（2006）》，要求重视并发展核心电子器件、高端通用芯片及基础软件产品三大重点项目，力求在2020年实现基础科学和前沿技术研究的综合实力增强，迈入创新型国家行列。在这个阶段，中国基础软硬件实现了从无到有的转变，与国外的差距也从15年以上缩短到5年左右。虽然和先进水平差距明显，但中国依然没有放弃IT产业自主发展的念头，为之后国产信息技术独立发展奠定了基础，也为后续技术力量和人才输出保留了肥沃的土壤。

第二阶段（2014—2019年）：可用。

2014年，浪潮信息通过浪潮天梭K1系统的应用，在政府办公领域实现去IOE化，中国也一跃成为全球第三个掌握新一代主机技术的国家，国产软硬件正式步入可用阶段；2016年，24家从事基础软硬件相关技术的单位自发组建信创工委会，标志着中国信创产业诞生。在这个阶段，国家成立半导体产业大基金，用于支持国产CPU、操作系统和基础软件等技术突破。飞腾、龙芯、兆芯、中科海光和华为相继推CPU芯片；中标麒麟、天津麒麟和深之度也推陈出新，发布全新操作系统；金山、永中所提供的办公软件，极大丰富了国产应用软件的生态圈。虽然和全球主流厂商的产品依然存在差距，但此时中国的IT产品已然可以满足部分客户的使用需求。

第三阶段（2020年至今）：好用。

在长期探索和积累中，时至2020年，国产基础软硬件的生态环境已趋于完备。在这个阶段，国产芯片已在世界顶尖芯片技术中占据一席之地，而在中间件、数据库、应用软件等相关产业，也涌现出一批不逊他人的国产企业。

尤其是在大数据时代，云计算、区块链等技术兴起，在一定程度上冲击原有的技术壁垒优势地位，实现了IT基础设施底层架构的重建。中国把握机会，实现超车。阿里云、华为云、腾讯云在云计算领域已位居前列。

华为入局：特殊时期的特殊抉择

2019年9月18日，第四届华为全联接产业大会在沪召开。在此次大会上，华为明确产业升级方向，正式开启鲲鹏生态战略，并首次发布基于"鲲鹏+昇腾"双引擎的计算战略，打造"一云（华为云）、两翼（智能计算业务、智能数据与存储业务）、双引擎（鲲鹏芯片、腾芯片）"的计算产业布局。通过鲲鹏CPU芯片、昇腾AI芯片、欧拉开源操作系统、高斯GaussDB数据库、华为云等为底层核心技术，联合国内其他基础软硬件生产企业，持续构建开放生态，助推中国信创产业进入发展新阶段。

向来强调聚焦通信主航道的华为，在这个时机选择进军

第 四 章

计 算 技 术：做中国的英特尔

信创产业,主要原因有二:

第一,局势所迫。自2019年起,美国开始针对华为进行全方位的封锁和打压。面对美国的步步紧逼,华为不得不重新布局战略方向。

一方面,在基础硬件领域,在2019年美国发布禁令之后,台积电的7nm工艺因为仅含有9%的美国技术,可以继续向华为供货。这使得采用7nm工艺制程的鲲鹏920芯片和昇腾910芯片免于此次美国制裁。即使在2020年禁令升级之后,中芯国际提供的N+1、N+2代工工艺也将在2020年年底施行试产,虽然在功耗性能方面无法被应用于麒麟系列芯片,对于鲲鹏和昇腾来说还绰绰有余,足以填补华为在信创领域供应链的空缺。通过在短时间内加速推进信创产业,为华为争取到现金流,在断供时期寻得一线生机。

另一方面,在不受制于人的基础软件方面,华为可以在操作系统、数据库等领域施行全面开源,与国内其他厂商共同合作,打造终端软件合作生态圈,以此来"赢得下一个时代"。

第二,华为在信创产业的核心优势明显。首先,三十多年的稳步发展,为华为积累了雄厚的技术资本。华为独立的海思半导体公司专注于芯片研发,设立2012实验室为长期研发提供支撑。这一切都使得华为可以快速实现底层研发基础的积累,并建立相关产品线。其次,Cloud&AI从幕后走向台前,成为华为第四大BG。在大战略下,"华为云"迅速取得行业领先地位,在IT产业架构重建的过程中,更容易实现追赶和超车。最后，资金雄厚的华为可以带动整个产业生态的共同发展。2019年华为宣布投资15亿美元开展沃土计划2.0，与多省、市合作打造鲲鹏产业生态联盟。截至2020年2月20日鲲鹏计算产业生态已在全国四个直辖市，15个省落地，未来有望在国内更多地区生根发芽。

由于起步晚，发展慢，在很长的一段时间里信创领域的核心企业均来自美国。以英特尔、英伟达、微软、谷歌、甲骨文、IBM等巨头组成技术军团，牢牢掌控着全球IT产业基础软硬件的重要领域。

华为的目标不是称霸某个领域，而是带动整个产业共同发展，在国内形成一个可以与美国对抗的IT生态圈。为此，华为打出"硬件开放，软件开源，使能合作伙伴"的口号，助力国内信创产业共同发展（图六）。

图六　鲲鹏计算产业合作共赢体系

第 四 章
计 算 技 术 ： 做 中 国 的 英 特 尔

第二节
硬件开放

硬件是IT产业的核心，也是华为着重参与研发的项目。华为将自己多年积累的硬件技术以主板、系统参考设计指南等方式开放出来，降低其他从业者的系统设计和开发难度，共同构筑鲲鹏生态圈。

最难一颗"芯"

中国IT产业现在面临的最大的难关就是CPU（Central Processing Unit，中央处理器）。CPU是计算机的核心，一切运算和控制都离不开CPU，它是信创产业的根基，也是最难以跨越的技术壁垒，如果不能掌握该项技术，一切创新都只是"无根之木，无源之水"。

国产CPU的历史最早可以追溯到2002年，当时中科院研制出我国第一颗商用CPU龙芯1号，并开启了"龙芯"的系列化发展。之后龙芯中科技术有限公司成立，并相继推出龙芯2号系列和龙芯3号系列。其中龙芯1号仅作用于单片机领域，龙芯2号主要作用于工控和嵌入式、单片机领域，真正用于桌面和服务器的CPU芯片只有龙芯3号。在2015年研制成功的第一代龙芯3号芯片整体性能堪忧，打开一个20M的文档要花费33s的时间，在当时的市场处于完全不可用的状态。为此，龙芯中科不断强化单核性能，在第二代产品时仅需6s，到第三代产品更是把时间缩短到1s之内。

作为由国家牵头，中国最早的CPU厂商，龙芯中科在政府办公领域占有较高的市场份额，且单核性能优势明显。但在追求多核的今天，龙芯与其他CPU差距明显。另外，作为唯一一款基于MIPS架构❶的国产CPU，在产品生态上也尽显颓势。

在服务器和PC端，依托中国电子信息产业集团（CEC）的飞腾系列芯片更具优势。最初，飞腾选择SPARC架构推出了一系列CPU芯片，但随着时间的推移，SPARC架构日渐式微，生态建设严重受限。在命运的岔路口，飞腾并没有像龙芯一样死守一个框架，反而伸出双臂，拥抱市场，在2014年选择了ARM架构，开启了新的技术篇章。

基于ARM架构的飞腾系列芯片，不仅在整体性能上，还是生态建设上，都有追赶国际一流CPU的态势。其中，2019年发布的FT-2000/4在产品性能上创下历史新高，拥有Intel i5第六代系列性能水平，虽然与十代系列仍有较大的差距，但FT-2000/4还是进一步缩小了国产CPU和国际主流CPU的差距。

除此之外，参与国产处理器芯片研制的还有兆芯、海光、

---

❶ MIPS架构最早由斯坦福大学计算科学实验室开发，是一种简洁、优化方便、具有高度扩展性的RISC架构，也是业界最高效的RISC架构，能够提供最高的每平方毫米性能和当今SoC设计中最低的功耗。

第 四 章

计 算 技 术： 做 中 国 的 英 特 尔

申威等，但都没能取得一个较好的成果。直到2019年，华为鲲鹏芯片诞生，带领中国CPU芯片进入一个全新阶段。

鲲鹏芯片不是单指一颗芯片，而是华为围绕鲲鹏处理器打造的包含"算、存、传、管、智"五个子系统的芯片家族，它们分别是鲲鹏CPU芯片、昇腾AI芯片、SSD控制器芯片、智能管理芯片、智能网卡芯片。华为作为全球唯一一家同时拥有5大关键芯片的厂商，已基本实现计算芯片领域的全面自研。而这五大芯片之中，鲲鹏和昇腾是整个芯片家族的核心，也是华为鲲鹏生态的算力基石。

鲲鹏芯片

华为在CPU上的研发最早可以追溯到2005年海思刚刚成立时，当时华为就有研制Hi1380嵌入式CPU，这是鲲鹏处理器的开端。后来很长一段时间内，华为都未再涉足CPU领域。直到2014年，第一代鲲鹏处理器鲲鹏912面世，华为正式启动服务器芯片系列化之路。2016年，华为保持芯片迭代速度，推出鲲鹏916，支持2路互联和4内存通道。但前两代产品始终没有掀起任何风浪，和其他国产CPU一样，都只能看作国产厂商在追赶道路上的几次不痛不痒的尝试。

在经历了三年的沉寂之后，2019年华为成功通过鲲鹏第三代处理器——鲲鹏920，在全球CPU领域一鸣惊人，一改国产CPU发展的颓势。

基于ARM V8框架的鲲鹏920，有着完整的应用生态圈，它可以同全球 ARM 生态共享资源，共同发展。而基于鲲鹏已有生态，中国信创产业内的其他企业，可以依据自身需求与优势开发出其他各具特色的产品及解决方案。

鲲鹏 920 是业内集成程度最高的数据中心处理器，这是因为华为采用 SoC 集成设计，将桥片、网络和磁盘控制器全部浓缩于一体。高度集成的同时华为也注重产品性能，据测试，鲲鹏 920 的整体性能高于业内平均水平 25%，网络吞吐量是业界标准的 4 倍，但功耗反而低于其他产品 20%。

不仅如此，鲲鹏 920 以其优秀的通用算力表现仅需要轻微的改动，就能分别应用于服务器和个人电脑之上，这也是鲲鹏 920S 诞生的原因。

虽然鲲鹏 CPU 有着优异的性能，但华为并不想独霸市场。2020 年年初，华为内部就释放出信号，透露华为并无做整机的打算，只提供台式机芯片服务。如何用"硬件开放"带动整个产业是华为始终在践行的事。

早在 2019 年，华为就与山西百信合作推出基于鲲鹏 920s 的太行 220s 台式机，预计年产可达 60 万台。之后，华为也和广电运通、长虹等达成合作共识，有望在未来推出鲲鹏 PC 整机产品。

昇腾芯片

除去鲲鹏处理器，驱动华为信创产业发展的另一个核心引擎就是昇腾芯片。

第 四 章

计 算 技 术： 做 中 国 的 英 特 尔

2019年发布的昇腾910芯片，是全球单芯片计算密度最大的AI芯片，其计算能力完全超越同时期其他厂商的AI芯片，是华为AI算力的代表。不仅如此，基于昇腾910，华为还组成了Atlas 900AI训练集群。通过大规模集成AI芯片，打造AI集群环境，进一步提高计算能力。华为云，就是Atlas 900AI一展拳脚的首个平台。

在"鲲鹏+昇腾"两大核心引擎的加持下，华为在IT市场的竞争中必将占据一席之地。同时华为在未来的几年内将坚持"量产一代、研发一代、规划一代"模式开发芯片，通过每年推出一代新产品，保障芯片在未来发展中可以持续演进，华为也能更好地担任"硬件供应商"的身份。

突破21——泰山服务器：带动鲲鹏CPU

"服务器"对于许多人来说既熟悉又陌生，熟悉是因为在生活中常能听到这个词语，陌生则是因为对于"什么是服务器"都只能含糊其词，缺乏一个清晰的认识。实际上，服务器就是为互联网提供算力与数据存储支持的产品，主要应用于企业。从某种角度来说，服务器就是加大号的个人计算机，两者都由机箱、主板、显卡、CPU等硬件组成，不同点在于服务器需要24小时不间断运行，所以在硬件性能上，有更高的要求。大家在日常生活中很少见到服务器，是因为服务器一般被放置在专门的机房管理，普通人很少可以接触到。

作为信创产业的基础产品，在数字化日渐重要的今天，云计算、物联网、人工智能等新兴技术都需要依赖服务器为载体。据推测，到2023年，全球服务器市场空间将达1121.3亿美元，其中中国服务器市场空间就达339.7亿美元。服务器产业一片欣欣向荣，而中国服务器市场并没有被国外厂商所统治。自从1993年浪潮成功研发出SMP2000服务器，打开了中国服务器的大门。此后以浪潮、曙光、联想为代表的厂商在长年累月的发展中，已经形成可以与IBM、惠普和戴尔共同竞争的局面。截至2018年，国产服务器在国内市场份额中占比已超过50%，中国厂商与国外厂商之间的技术差距正在逐渐减小。在未来，国产服务器更是有望成为国际服务器市场的风向标。

2019年，国产服务器方兴未艾。华为在此时基于鲲鹏芯片，一次推出三款全新泰山（TaiShan）服务器。依据不同侧重点，华为将其划分为均衡型的TaiShan 2280，存储型的TaiShan 5280和高密度型的TaiShan X6000。三款服务器运用散热液冷、高速互联、可靠性设计与质量品控等工程工艺技术，是华为在IT产业长期积累的结晶。他们的定位是面向大数据、分布式存储和ARM原生应用等场景，力争为企业构建高性能、低功耗的新计算平台。

此次推出泰山服务器，并不代表华为要在国产服务器崛起的过程中分一杯羹，而是更希望推动其他厂商快速开发基于鲲鹏芯片的配套产品。在行业发展前期，华为需要通过自身核心硬件能力，生产出一批可供合作伙伴使用的配套产品，

第 四 章

计 算 技 术 ： 做 中 国 的 英 特 尔

197

保证初期产业链的完整，以此留住第一批厂商。

在2019年华为全联接大会上，华为智能计算业务部总裁马海旭公开表示鲲鹏主板在未来将会全面开放，华为也希望合作伙伴可以通过鲲鹏主板开发出更多的计算产品，共同打造信创产业生态。如其所言，在后期整个生态产业完善之后，华为可以停止供给其他产品和服务，进一步聚焦核心领域，与合作伙伴共同构建中国IT生态圈。华为有消息称，在条件成熟时，甚至可以停止泰山服务器的销售业务。

第三节 软件开源

基础软件对于计算产业来说好比是一块土壤，能结出什么样的果实与土壤自身的条件密不可分。华为通过将操作系统、数据库等软件开源，联动产业链上下游厂商共同构建一个开放、合作、共赢的鲲鹏计算产业生态。

欧拉OS：操作系统开源

在发展信创产业的过程中，除了保证掌握芯片的核心技术，另一个最为重要的任务就是要实现操作系统国产化。如果说芯片是基础软硬件的核心计算，那么操作系统

（Operating System，简称OS）对于基础软件来说就是滋生万物的土壤。不管是上层软件生态，还是下层硬件资源，都依赖于操作系统。因此，要想实现软件国产化，那么操作系统国产化就是必须要攻克的战略点。

当前全球主流的操作系统包括Windows、Netware、UNIX、LINUX这四大类，而最为常见的就是来自微软的Windows系统，占据国内市场接近90%的份额。如果中国失去微软，那么对于中国IT产业来说可能是毁灭性的打击。

所以早在1989年，中国就开始重视国产操作系统的研发，但受制于生态系统的不完善，导致经过了多年发展，国产操作系统依旧落后。

在华为鲲鹏生态的建设中，华为已有的一款操作系统发挥了重大作用，那就是2010年面向小型机研发的欧拉操作系统（简称Euler OS或欧拉OS）。

经过十年的沉淀，欧拉OS在编译系统、虚拟存储系统、CPU调度、IO驱动、网络和文件系统等方面都进行了改进与优化，现如今已经可以完美支持泰山服务器。不仅在性能和功耗上与市面同期产品相比有较强的竞争力，而且在安全方面可以防止各种恶性入侵和攻击。

为了更好地构建生态，华为还将欧拉OS开源，让所有开发者都能参与到鲲鹏生态的构建之中。2019年9月19日，华为宣布EulerOS正式开源，开源名为open Euler，并宣布与深之度、中标麒麟等国内操作系统企业联合推出open Euler开源社区。在2019年12月31日，open Euler正式上线，不久之

第 四 章

计 算 技 术： 做 中 国 的 英 特 尔

后首个合作操作系统——深度欧拉（deepin Euler）V1.0也成功面世。

在欧拉开源社区的协同下，将会有更多的国产操作系统诞生，鲲鹏生态未来可期。

Gauss DB：数据库开源

在大数据时代的背景下，一个什么样的人，在哪个地方，说过什么话，都可以用数据来表达。面对海量的数据，如何存储及管理成为不得不面对的问题。数据库作为一个储存在计算机内，有组织、可共享、统一管理的大量数据的集合，任何应用软件都需要依赖于这个集合。一个优秀的数据库，可以显著提升应用软件运行速度和拓展性，对于应用生态的建设十分重要。

华为秉持着"上不碰应用，下不碰数据"的态度，在数据库行业长期投入，苦心研发。2001年，为了满足在线计费业务的需求，华为首次涉足数据库行业，自主研发内存数据库；到2011年，随着业务的不断扩张，华为开始与金融领域的其他企业联合打造数据库；在云计算崛起的今天，华为凭借云数据库Gauss DB，正式步入数据库产业化阶段。

虽然全球数据库依然存在少数寡头垄断的局面，以微软、IBM和甲骨文为代表的三大厂商，占据了全球近八成的市场份额。但先天的技术优势和生态优势在大数据时代并非固若金汤，云计算的兴起给予了华为、阿里巴巴等国产巨头全新的机遇。华为战略投入Gauss DB数据库超过10年，拥有完整的数据库迁移能力、产品能力和数仓运维能力。现如今，华为Gauss DB已广泛应用于金融、能源、销售等诸多领域，500多家合作伙伴，遍布全球60个国家和地区。

为贯彻软件开源的理念，华为极力打造数据库生态，并于2020年6月30日正式开源open Gauss社区版本。通过开源社区，可以让其他开发者站在华为的肩膀上进行更深入的研发，减少不必要的研发。华为鼓励有能力的合作伙伴推出基于open Gauss的数据库，通过多方合作，快速形成应用生态体系，实现业界共同繁荣。

FusionCloud：让更多开发者上云

除了传统意义上的软件，在云计算的大背景加持下，"上云"逐渐成为IT产业发展的一种趋势和思维。

16年前，谷歌时任CEO埃里克·施密特首次提出了云计算（Cloud Computing）的概念，并宣传在未来终将代替传统的IT设施。同年，亚马逊也紧跟发展潮流，率先开展实践，向商家和网站出售多余的计算能力，提供弹性服务器。而国内的华为、阿里也意识到云计算在未来的重要性，纷纷开始研发自己的云计算。现如今，云在历史的车轮中留了下来，并正在成为全球IT基础设施的重点产业。

上云最大的好处，就是可以屏蔽底层硬件的复杂度。在过去，由于基础架构以及产品线路的不同，上层应用的研发需要面临较为复杂的底层基础，开发难度较大。通过上云，国内企业可以一定程度地屏蔽底层硬件的复杂度，可以有效地提升用户体验度。在华为云的助力下，国产软硬件厂商可以积极投入云平台、云计算等有关研发，共同打造出一个完备的产品储备和服务体系。

华为FusionCloud作为私有云解决方案，便是其中之一。该解决方案主要包括：FusionSphere云操作系统、ManageOne云数据中心管理解决方案、FusionInsight企业级大数据平台、FusionStagePaaS解决方案和FusionAccess桌面云解决方案这五大产品，目前已覆盖全球144个国家和地区，被认为是中国政务云第一领导者。

华为FusionCloud之所以如此受市场的青睐，很大的原因是华为将其与华为公有云的架构、API接口、服务和生态方面的实施统一设计，达到开放目的。企业不仅可以通过华为FusionCloud向混合云架构平滑演进，实现应用迁移、业务部署，还可以共享公有云内近百项云服务，更大程度上满足客户的需求。

华为依托FusionCloud，通过业务平台和云基础设施，与国内包括百度在内的多家企业合作。根据企业类型的不同，华为提供与之相匹配的能力并将结果导入到整个生态圈，共同构建面向行业应用的生态圈。

华 为 技 法 ：

第四节 | 使能生态圈

使能生态圈伙伴是硬件开放和软件开源的直接结果。华为将自己的资源分享给国内其他企业，从而打造一个可以媲美 Wintel 的全新生态。

打造生态圈

IT 产业生态是指围绕着平台的芯片、外设、基础软件、应用、用户等相关资源，在资源之间关联、互动的基础上实现技术更新和产品衍生、升级，从上而下、由内而外地形成互相依赖和关联的循环。这种动态的复合体，被称为生态圈。

在生态圈中，CPU 和操作系统是关键技术，数据库以及高端的大型机、小型机和高端存储等是核心环节。操作系统成功与否，很大程度上取决于其生态是否成熟。谁掌握这些核心技术，就说明占据了行业的核心地位。

从目前的情况来看，虽然我国信息技术产品生态体系已初步成型，但想要改变海外巨头称霸的状况还需要时间。安卓、iOS 以及 Windows 等主流操作系统形成的较高生态壁垒，很难打破，并且围绕这些核心技术还衍生出了一批服务和生态公司，其体系已经非常成熟。

在认清短板的现实情况下，也要看到中国软件和计算机行业的客观优势。近年来，计算机行业已然成为中国GDP的主要推动者。2018年，中国IT产业增速为12.4%，同年GDP增速为6.6%；2019年中国IT产业增速为15.4%，同年GDP增速为6.2%。虽然没有足够规模和竞争力的国内软件行业龙头，但像是BAT、华为等互联网和通信企业从侧面进军，开始填补中国软件行业的短板，并有所成就，逐步向世界先进技术靠拢。

华为自从摆脱了早期通信企业单一角色开始，就一直积极拓展自己的业务范围，为搭建完整生态圈做努力。特别是核心技术方面，华为投入了大量经费以及研究人员进行相关研究，并在此基础上积极寻找合作伙伴，依靠合作伙伴的同时，使能合作伙伴。

在操作系统领域，华为就曾和中软旗下的中标软件展开合作，强强联合打造自主底层生态。中软国际是全国前三名的大型软件上市公司之一，提供综合性软件与信息服务业务。早在2016年，两家公司就开展制定相关服务器产品规划的合作。2018年，共同发布应用于Taishan ARM服务器的"中标麒麟"高级服务器操作系统软件（ARM64版）V7.0。

2019年，华为还和神州信息、民生科技、东华软件、中科软和华锐金融技术共同发起成立了"金融开放创新联盟"。围绕金融行业的四大业务场景❶提供相关基础软硬件，共同构

❶ 四大业务场景包括核心交易系统、经营分析管理系统、智慧金融新业务、办公支撑系统。

建面向金融场景的全方位完整解决方案，为自主可控的金融机构提供实现的可能。

在金融开放创新联盟启动的同时，华为又联手包括中标软件在内的其他厂商，着力发展智能计算，企图在服务器领域实现产品和业务模式的创新，从而为企业更多地释放生产力，提升商业价值。

在集成领域，华为与中国软件联合开发解决方案。

2016年7月，双方在周至县人民医院部署"双活解决"方案。该方案对于医院系统整体性能的提升具有极大促进作用。此外，在2018年的全联接大会上，华为还和中国软件携手，结合双方PaaS实力，共同发布新一代智慧电子税务局解决方案。该方案不仅能够提升纳税人在纳税时的服务体验感，还能降低征纳成本，为纳税服务赋能。

华为打造生态圈还有一个关键作用是推动计算行业升级。当华为和行业内多领域的优秀企业合作，使能合作伙伴，再搭建起生态圈以后，就不再只是促进某领域的发展，而是整个生态圈的全面升级。

以鲲鹏生态圈为例。从基础硬件、基础软件再到应用解决方案，华为鲲鹏的合作伙伴主要有三种类型。基础硬件中的服务器和PC生产商，包括神州数码、拓维信息等，和华为一起打造了鲲鹏生态基地，该基地主要生产基于鲲鹏芯片及主板的服务器和PC产品；基础软件中的合作伙伴，包括操作系统、数据库、中间件、办公软件等；还有应用解决方案厂

第 四 章

计 算 技 术：做 中 国 的 英 特 尔

商，而这类企业又分为通用软件供应商和行业应用解决方案两大类，主要是基于鲲鹏底层软硬件架构为客户打造专属行业解决方案，让客户拥有更便捷、高效、智能的服务。

对于硬件厂商来说，在鲲鹏芯片和主板的支持下，结合自身硬件生产能力，其技术含量以及产量上都有质的提升；对于软件厂商来说，融入了鲲鹏生态以后，在依托之前行业的基础上，进一步提升了服务能力，助其扩大市场份额；对于应用解决方案商，在原有客户资源和服务能力的强大依托下，加上华为的鲲鹏生态体系的加持，有望升级成为云MSP❶。

以此看来，华为鲲鹏生态圈集结了IT行业上下游厂商，赋能合作伙伴，带动整个行业一起升级。华为的鲲鹏计算产业就像一条鲶鱼，激活了生态圈内所有"小鱼"厂商的活力，不仅自己高速发展，还带动所有相关企业一起更加高速、全面的发展。

鲲鹏生态圈激活了中国IT信息产业，是一条"大鱼"，但却不是吃小鱼的大鱼，而是驱动小鱼游得更快的大鱼。它让产业链上的所有厂商做得更好，这是一次中国IT产业的全面进步。华为在聚焦主航道的同时，在其他细分领域将以培育产业生态为主，打造一个庞大的产业生态圈。

---

❶ 全称Cloud Management Service Provider，通常是指对接一家或者多家公有云服务厂商，为企业提供上云、开发、迁移、代管、运维等专业服务。

华 为 技 法 ：
华 为 技 术 的 2 1 次 突 破

发布"沃土计划"

华为首次提到"沃土计划"是在2015年华为第一届开发者大会上，华为希望通过投资与技术扶持，帮助全球开发者基于华为开源开放的产品和服务进行技术与商业创新。在这五年间，华为投资10余亿美元，在世界各地建立起21个OpenLab，并开通开发者社区、华为云学院，与130万人和14000多家企业共同耕耘着整个华为生态。

2019年年底，华为基于鲲鹏生态，发布"沃土计划2.0"。预计将在未来5年内投入15亿美元，通过产品、赋能、联盟、社区和激励五方面升级和推动鲲鹏生态的发展。并且在2020年已投入2亿美元。

不仅如此，华为还在公布"沃土计划2.0"时，发布了一本有关昇腾芯片的教科书——《昇腾AI处理器架构与编程》，意在让所有开发者都能更好地了解和认识华为在生态建设中提供的产品。这种看似老土实则真诚的教材，显示着华为构建生态的责任担当。华为副总裁张顺茂在讲话中表示，华为还将通过多种手段，为开发者提供客户及伙伴资源，共同打造一个充满活力的生态网络。"每一个加入华为生态平台的开发者，不仅能获得技术能量、实现创新，还能找到朋友、发现商机，将梦想从不可能变成可能！"这是华为对该生态圈最大的期许。

第 四 章

计 算 技 术： 做 中 国 的 英 特 尔

第五节 对标英特尔

华为入局信创产业，不只是助力IT基础软硬件国产化，也不只是应对美国技术封锁的权宜之策，而是有更宏大的目标。在云计算的带动下，IT产业的未来将会迎来第二春，华为可以通过先进的技术和后发优势，在"云"的弯道中，实现超越式的发展，成为中国的英特尔。

在核心芯片领域，曾经全球90%的市场都属于英特尔。这意味着每十台服务器中，只有一台服务器没有使用英特尔提供的芯片。这种垄断不仅不利于国家安全，对于行业的发展也弊端重重。鲲鹏920作为鲲鹏生态的通用底座，对标的就是英特尔至强铂金（XEON）8180。经专业评测二者性能相当、跑分接近，且鲲鹏以150W的功耗，优于功耗为205W的XEON 8180（见表二）。这就意味着，在产品本身，华为已经拥有和英特尔叫板的资格。但由于架构以及发展时间不同，鲲鹏生态和现在英特尔的生态还存在明显差距，这也是鲲鹏920目前的劣势。

因为IT产业的高耦合性，许多高性能单品都因为生态体系的缺失而不得已以失败告终。华为以史为鉴，学习英特尔成功因素，极其注重生态的重要性，并着手布局鲲鹏生态。

2016年，华为进入PC领域，专攻笔记本电脑。到2020年，华为在国产笔记本电脑中位列第二，仅次于联想。2020

表二　鲲鹏920与至强8180性能对比

指标	鲲鹏920	至强8180
制程工艺	7nm	14nm
频率	2.6GHz	2.5～3.8GHz
内核数	32/48/64	28
内存类型	8通道DDR4	6通道DDR4
最大内存速度	3200MHz	2666MHz
缓存（L3 Cache）	32/48/64MB（1MB/核）	38.5MB
功耗	120W/150W/180W	205W

年11月20日，一台台式机HUAWEI Mate Station B515在华为官网悄然上架，同年12月8日，华为正式官宣首款台式机的诞生。一系列迅速的布局在给英特尔制造压力的同时，也给常年因垄断而沉闷的IT行业带来了不少新意。

据IDC❶预测，到2023年，全球计算产业投资空间将达1.14万亿美元。其中，中国计算产业投资空间就达全球的10%，即1043亿美元，约7000亿人民币。未来，中国将成为全球计算产业发展的主要推动力和增长引擎。而根据民生证券计算，2023年华为鲲鹏产业市场规模预计达到近1900亿元，其中鲲鹏服务器市场500亿，鲲鹏PC市场390亿，其余计算产业配套软件和应用市场1000亿。

---

❶ IDC (International Data Corporation)是全球著名的信息技术、电信行业和消费科技市场咨询、顾问和活动服务专业提供商。IDC帮助IT专业人士、业务主管和投资机构制定以事实为基础的技术采购决策和业务发展战略。

第四章

计 算 技 术：做 中 国 的 英 特 尔

现阶段华为鲲鹏生态计划仍处在试点阶段，还只是通过典型场景建立产业界上下游厂家和用户的信心。而根据华为《鲲鹏计算产业发展白皮书》规划，等鲲鹏生态到达第三阶段深化阶段之后，华为将面向全行业、全场景，打通产业链，构建基于鲲鹏处理器的产业体系。鲲鹏生态带动起的产业将超过万亿，华为也将成为带动中国IT产业发展的重要火车头。"中国英特尔"的诞生指日可待！

华为的雄心不止停留在追赶，更是赶超。在对标英特尔的过程中，华为同时也在积极展望前沿技术。

早在2012年，华为就开始部署关于量子计算机的研究。2018年，华为正式对外公布了其量子计算模拟器HiQ云服务平台，揭开了华为量子计算研究的神秘面纱。2019年，华为2012实验室公布了昆仑量子计算模拟一体机原型，它采用HiQ编程架构，搭载量子计算模拟器和昆仑服务器9032。同时，还发布了量子云服务解决方案。

虽然只是依靠软件的模拟技术，与"真正"的量子技术存在一定差距，但依旧是华为的一次大的尝试。量子计算机是一个复杂的系统工程，在硬件、软件、算法、系统等很多方面都存在着诸多挑战。对于华为乃至世界来讲，距离第一台真正的量子计算机，还有一段路要走。

华 为 技 法：
华 为 技 术 的 2 1 次 突 破

HUAWEI

后记

很多人对信息通信技术很好奇，也有很多疑问。从常规来讲，这些内容和程序员有关，和学物理、数学的人相关，但和普通人的关联微弱。人们一提到信息通信技术就会联想到密密麻麻的数字、看不见的算法和学不会的逻辑。这些都是普通人和技术研发之间的屏障。长久以来，信息通信技术是一门有门槛的专业，只限于圈内交流。

既然如此，我们为什么要研究一家企业的技术法则呢？

首先，信息通信技术与每个人息息相关。先仔细想一想，如果没有信息网络，你的生活会是什么模样？它会变得不那么高效，也不是特别方便。人类的生活已经被信息通信技术改变，并且对它有所依赖。更重要的是，信息通信技术对社会经济的影响巨大。对于国家来讲，信息通信技术的发展关系着经济增长，以及国家在信息科技时代的世界地位。对于企业而言，不管是围绕技术开展商业活动，还是利用技术改变已有的商业行为，都有可能创造更大的价值。就个人来说，从事信息通信技术相关职业的可能性越来越大，即便不是研发岗位，但若能懂一点技术知识，也将有利于工作学习。在可以预见的未来，信息通信技术将变得愈加强大，它可能会改变人类命运。

第二，每个人都有必要懂一点技术语言和常识。学习信息通信技术不是为了成为程序员、工程师，而是懂得它为什么会改变世界、驱动企业发展，并且从它的发展脉络中找到演变逻辑，这样可以发现机遇，并且减少一些对于未来的不确定性。

华 为 技 法：

华 为 技 术 的 2 1 次 突 破

第三，华为是中国信息通信技术的引领者。从它的发展中能够看到信息通信技术产业发展的过去，也能知晓当下，并且洞见未来。

为此，在《华为技法：华为技术的21次突破》一书的创作中，考拉看看头部企业研究中心翻阅大量历史资料，有企业报，也有专业研究报告、技术指南，既记录一段珍贵的产业史，也还原中国信息通信技术企业的崛起之路。在此感谢研究中心成员张小军、马玥、熊玥伽、夏浩译、王韵竹。

希望您在这段阅读旅程中已有收获，欢迎与我们交流分享（xyj@koalacan.com）。

考拉看看

后 记